各種検定対応　これ1冊で　これだけマスター！

［コンピュータ入力問題集］

第4版

JN096126

目　次

第1章　入力の基本

ホームポジション……………………………………… 2

入力基本練習…………………………………………… 3

校正記号の種類………………………………………… 4

表の挿入………………………………………………… 5

図形による切り取り線の挿入………………………… 6

段組みの挿入、ドロップギャップの挿入…………… 7

第2章　文書作成

第1節　速度問題……………………………………… 8

第2節　文書作成問題………………………………… 36

第3章　表作成

第1節　初級基本問題………………………………… 60

第2節　初級練習問題………………………………… 72

第3節　中級基本問題………………………………… 82

第4節　中級練習問題………………………………… 92

第4章　プレゼンテーション

第1節　基本操作………………………………………102

第2節　複合問題………………………………………110

第3節　確認問題………………………………………118

†マークがついている問題は、Web（https://www.nichibun-g.co.jp/）
より関連ファイルをダウンロードできます。

第1章 入力の基本

1 ホームポジション

キーボード配列の例

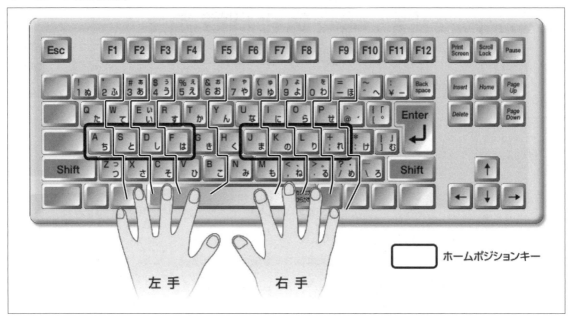

ホームポジションキー

左手　右手

入力時の姿勢や環境

十分な明るさで,
画面に照明などが
映り込まないようにする。

画面に近づきすぎない。
視線はやや下向きがよい。

正体してよい姿勢で。

原稿は見やすい場所に
置く。

キーボードを見ずに入力
（タッチタイピング）。

適度に休憩を取る。

2　入力基本練習

ホームポジションと指づかいに気をつけて、繰り返し練習しよう。

練習1

あいうえお　かきくけこ　さしすせそ　たちつてと　なにぬねの
はひふへほ　まみむめも　やいゆえよ　らりるれろ　わうぃううぇをん
がぎぐげご　ざじずぜぞ　だぢづでど　ばびぶべぼ　ぱぴぷぺぽ

練習2

きゃきゅきょ　しゃしゅしょ　ちゃちゅちょ　にゃにゅにょ
ひゃひゅひょ　みゃみゅみょ　りゃりゅりょ
ぎゃぎゅぎょ　じゃじゅじょ　びゃびゅびょ　ぴゃぴゅぴょ

練習3

マット　ヨット　ヒット　ドック　ノック　カラット　スナップ
クッパ　ジップ　バッグ　ベッド　ロッジ　リュック　ジェット

練習4

レート　ドーム　ピーク　ポール　スーツ　ソート　セーブ
サーファー　カットソー　ポートフォリオ　エースポジション

練習5

○◎●（まる）　△▲▽▼（さんかく）　□■◇◆（しかく）　☆★（ほし）
×（ばつ）　→↑←↓（やじるし）　〒（ゆうびん）

練習6

、。　！"＃＄％＆'()　＝¥〜　＠「」　；：　{ }　＜＞？

練習7

ABCDEFG　HIJKLMN　OPQRSTU　VWXYZ
abcdefg　hijklmn　opqrstu　vwxyz

3 校正記号の種類　　文書作成の練習問題で使用されています。

No.	校正項目	使用例	校正結果
1	行を起こす	重要と言える。しかし、	重要と言える。 □しかし、
2	行を続ける	必要である。 だからこそ、	必要である。だからこそ
3	誤字訂正	世界経済⦸動向は、　の 世界経済の同食は、　動向	世界経済の動向は、
4	余分字訂正	地球の対温暖化対策　トル（トルツメでも可） 地球の温暖化対策対策　トル 地球の温暖化の防止策　トルアキ 地球の温暖化する防止策　トルアキ	地球の温暖化対策 地球の温暖化　防止策 地球の温暖化　　防止策
5	脱字補充	健康、睡眠・食事が　は 健康は、睡眠食事が　・	健康は、睡眠・食事が
6	空け	修学旅行実施計画書 1．日時 2．行き先	修学旅行　実施計画書 1．日時 2．行き先
7	詰め	映画　鑑賞会 1．タイトル 2．費用	映画鑑賞会 1．タイトル 2．費用
8	入れ替え	態度を留保する。 第2回投票 第1回投票	態度を保留する。 第1回投票 第2回投票
9	移動	少子高齢化 年金問題 　　を考える	少子高齢化 年金問題を考える
10	（欧文） 大文字にする	ｊａｐａｎ	ＪＡＰＡＮ
11	書体変更	お知らせ　ゴ（ゴシックでも可）	**お知らせ**
12	ポイント変更	講演会14ポ（ポイントでも可）	講演会
13	下つき 上つき 変更	$CO2$　　CO_2 102　　10_2	CO_2 10^2

4 表の挿入

①［挿入］タブにある表ボタン ☑ をクリックし、下の図のように挿入したい表の行×列をドラッグしながら選択する。

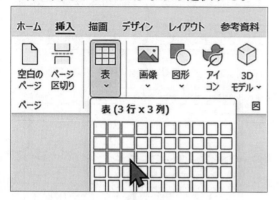

②表を挿入後、文字を入力する。

③縦罫線にマウスポインタを合わせ、表示された線を左右にドラッグすることで列幅を変更することができる。

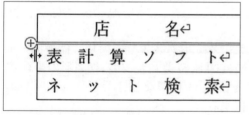

※Alt キーを押しながら左右にドラッグすると微調整することができる。

④表の行間は、［ホーム］タブの［行と段落の間隔］☑ から指定の行数を選択する。

⑤入力した文字の配置場所を変更する場合、表ツールの［レイアウト］タブにある配置を利用する。

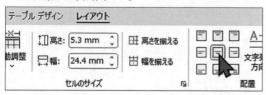

※表ツールは、挿入した表を選択しているときにのみ追加表示される。

⑥罫線の太さを変更する場合、表ツールの［テーブルデザイン］タブでペンの太さを変更する。

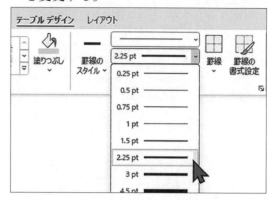

⑦ペンの太さを変更後、下の図のように変更する箇所の罫線をなぞる。

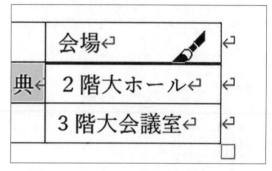

または、下の図のように罫線の中から各項目を選択する。

5　図形による切り取り線の挿入

①[挿入]タブにある図形ボタン∨をクリックし、下の図のように直線を選択し、線を引く。

※Shift キーを押しながら図形を配置すると、水平に線を引くことができる。

②挿入した図形を選択し、描画ツールの[図形の書式]タブの図形の枠線の項目から線の太さと線の種類をそれぞれ変更する。

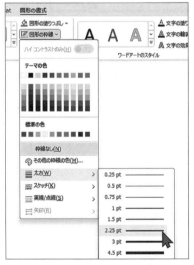

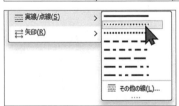

※描画ツールは、挿入した図形や画像を選択しているときにのみ追加表示される。

③［挿入］タブにあるテキストボックス∨をクリックし、下の図のように横書きテキストボックスの描画(H)を選択する。

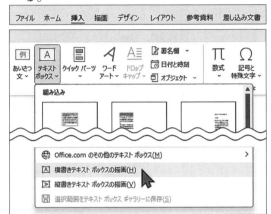

④テキストボックスを作成し、「きりとり線」と文字を入力する。

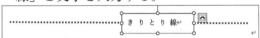

⑤テキストボックスを選択し、描画ツールの［図形の書式］タブの図形の枠線の項目から枠線なし(N)を選択する。

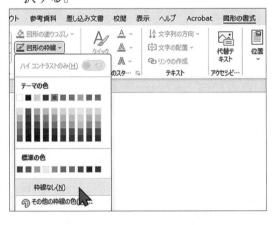

⑥テキストボックスの配置を左右中央揃え(C)にし、また文字の配置もセンタリングにする。

6　段組みの挿入

①段組みをする文章を選択し、［レイアウト］タブの 段組み ▽ の 段組みの詳細設定(C) をクリックする。

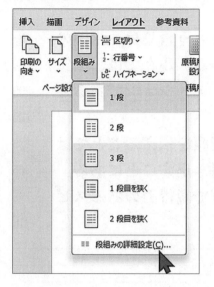

②設定したい段数を選択し、OK をクリックする。段の間に境界線を引きたい場合は、境界線を引く(B) にチェックを入れる。

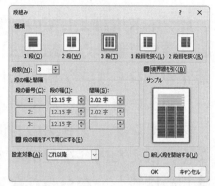

③文書が段組みされる。

7　ドロップギャップの挿入

①ドロップキャップを設定したい段落の先頭にカーソルを合わせ、［挿入］タブの ドロップキャップ ▽ の ドロップキャップのオプション(D) をクリックする。

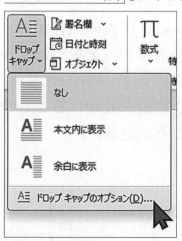

②位置やドロップする行数を指定し、OK をクリックする。

③ドロップキャップが設定される。

第２章　文書作成

第１節　速度問題

速度問題１

　　ビジネス用語としてのプレゼンテーションという言葉は、米国の　　30
広告業界で使われた結果広まったといわれている。現在では、広告　　60
業界のみならず、学術的な研究発表もプレゼンテーションであると　　90
いう幅広い解釈がされている。　　　　　　　　　　　　　　　　　105

　　プレゼンテーションの目的は、単に相手に情報を伝えることでは　135
なく、伝えた内容を理解してもらい、行動を引き出すことにある。　165
はじめは難しいかもしれないが、まずは、明瞭で説得力のあるスピ　195
ーチをするところから始めよう。　　　　　　　　　　　　　　　　210

明瞭（めいりょう）

1回目	／	総字数		エラー数		純文字	
2回目	／	総字数		エラー数		純文字	
3回目	／	総字数		エラー数		純文字	

速度問題２

　　２０２３年１０月、商品の宣伝や販売を行う際に、広告や情報の　30
出所を明示せずに、消費者が広告とは気づかずに影響を受ける手法　60
が規制された。　　　　　　　　　　　　　　　　　　　　　　　　68

　　ステルスマーケティングと呼ばれるこの手法には、広告の内容が　98
あまりにも魅力的で都合が良すぎる場合には、慎重に検討を重ね、　128
他の情報源も参考にするなどの対処が求められる。　　　　　　　　152

　　感情に訴えかける広告に惑わされずに、冷静な判断を心がけるこ　182
とが重要で、合理的かつ賢明な購買判断を下すことが必要だ。　　　210

出所（しゅっしょ）
明示（めいじ）
魅力（みりょく）
惑わされず（まどわされず）
購買（こうばい）

1回目	／	総字数		エラー数		純文字	
2回目	／	総字数		エラー数		純文字	
3回目	／	総字数		エラー数		純文字	

速度問題 3

　秋ごろになると文具店や書店には、いろいろな種類のカレンダー　30
や手帳が並ぶ。みなさんは日曜始まりか月曜始まりのどちらが馴染　60
み深いだろうか。私自身はこれまで月曜始まりのものを利用してき　90
た。　93

　先日手帳を買いに出かけたお店で、店員さんと話す機会があり、　123
これについて質問をした。このお店のこれまでの統計では、手帳や　153
日記は月曜始まりを購入する人が多く、カレンダーはその逆だそう　183
だ。あくまでもこのお店の話であり一般的な傾向ではない。　210

馴染み（なじみ）
傾向（けいこう）

1回目	／	総字数		エラー数		純文字	
2回目	／	総字数		エラー数		純文字	
3回目	／	総字数		エラー数		純文字	

速度問題 4

　「ヌートリアにエサをあげないで」と書かれたポスターを見かけ　30
た。ヌートリアとは、南アメリカ原産で、湿地帯や川、湖などの水　60
域に生息している哺乳類である。実際に近所の川で泳いだり、河川　90
敷を走ったりしているところを何度も見かけている。　115

　外見や特徴から愛されることも多いが、繁殖力が強く、在来の生　145
態系に影響を与えると言われている。人間の都合で毛皮用に持ち込　175
まれ、今となっては厄介者扱いされているヌートリアがかわいそう　205
に思える。　210

湿地帯（しっちたい）
哺乳類（ほにゅうるい）
繁殖力（はんしょくりょく）
厄介者（やっかいもの）

1回目	／	総字数		エラー数		純文字	
2回目	／	総字数		エラー数		純文字	
3回目	／	総字数		エラー数		純文字	

速度問題 5

　海外旅行はいくつになっても行くことができるが、ワーキングホ　　30
リデーは３０歳までの若者だけが利用できる特別な制度だ。海外で　　60
働くためには原則として就労ビザが必要で、これがないと海外で働　　90
いて収入を得られない。だが、このビザの取得は条件が厳しい。　　120

　一方、ワーキングホリデーのビザは若者であれば簡単に取得でき　　150
る。海外で働きながら現地の学校へ通ったり、各地を観光してまわ　　180
ったりできる。要するに、海外で収入を得ながら休暇を楽しめる制　　210
度といえる。若いうちにしか使えないチャンスを活かして、海外に　　240
飛び出してみるというのも良いではないか。　　260

休暇（きゅうか）

1回目	／	総字数		エラー数		純文字	
2回目	／	総字数		エラー数		純文字	
3回目	／	総字数		エラー数		純文字	

速度問題 6

　長時間コンピュータやスマートフォンを見ていると、目がぼやけ　　30
たり、まぶたがピクピクとけいれんしたりすることがある。ひどい　　60
ときは、頭痛や吐き気を感じることもあり、このような状態を「眼　　90
精疲労」と呼んでいる。現代社会において多くの人がこの問題に直　　120
面している。　　127

　眼精疲労の対策はさまざまであるが、コンピュータやスマートフ　　157
ォンなどのデジタル機器の使用時間を減らし、バランスのよい食事　　187
を取ること、そして十分な睡眠時間を確保することが効果的だと言　　217
われている。目にかかる負担を少しでも軽減するために、身近なこ　　247
とから対策をしたいものだ。　　260

眼精（がんせい）

1回目	／	総字数		エラー数		純文字	
2回目	／	総字数		エラー数		純文字	
3回目	／	総字数		エラー数		純文字	

速度問題 7

　台湾の面積は日本のそれの一割程度だが、なんとそこに約四百種　30
類のチョウが生息している。これは、日本のチョウの生息種の二倍　60
近い数である。しかもそのうちの約一割が固有種である。台湾はチ　90
ョウの生息密度で世界トップレベルと言われている。　115

　狭いながらも台湾には日本と同じように複数の気候帯が混在して　145
いる。その気候帯は温暖湿潤気候、熱帯モンスーン気候、熱帯雨林　175
気候などである。山岳地帯の高所にはツンドラ気候のエリアさえも　205
存在している。これが多種類のチョウが生息している理由なのであ　235
る。小さい島国である台湾は、実はチョウ大国なのだ。　260

生息（せいそく）
温暖湿潤気候
（おんだんしつじゅんきこう）

1回目	／	総字数		エラー数		純文字	
2回目	／	総字数		エラー数		純文字	
3回目	／	総字数		エラー数		純文字	

速度問題 8

　故事成語の一つに、虎穴に入らずんば虎子を得ず（こけつにいら　30
ずんばこじをえず）と言うものがある。直訳すると、虎穴は虎がす　60
んでいる穴、虎子は虎の子どもをさし、危険な場所に入らなければ　90
成果や大切なものは手に入らないと言う意味が込められている。危　120
ない橋も一度は渡れと言うことわざも同じような意味である。　149

　ことわざや故事成語は、言葉の意味や由来を考えると理解しやす　179
く、その背景には教訓が込められており、勇気づけられるメッセー　209
ジも多い。これから先の人生、大きな目標ができたら、冒険心を持　239
って積極的にチャレンジしていきたいものだ。　260

故事成語（こじせいご）
虎（とら）
教訓（きょうくん）

1回目	／	総字数		エラー数		純文字	
2回目	／	総字数		エラー数		純文字	
3回目	／	総字数		エラー数		純文字	

速度問題 9

　日本の車両用信号機の多くは、右から赤色、黄色、青色の順である　　30
る。これは、信号機で最も重要な赤色を道路の中央寄りに配置する　　60
ことで、ドライバーから見やすくしているためである。日本製の自　　90
動車は一般的に、右側にドライバーが座って運転するため、赤信号　 120
が右側にあるほうが見やすく、注意をうながしやすくなると言われ　 150
ている。　　　　　　　　　　　　　　　　　　　　　　　　　　 155

　令和5年3月末時点の警察庁の資料によれば、全国にある信号機　 185
のうち約70％がLEDの信号機であるとされている。電球に比べ　 215
て、消費電力が6分の1程度で、また西日などによる疑似点灯現象　 245
を防ぐことができるため、交換が進んでいるようだ。数年後には、　 275
日本で電球の信号機が見られなくなるかもしれない。少し寂しいよ　 305
うに思う。　　　　　　　　　　　　　　　　　　　　　　　　　 310

1回目	／	総字数		エラー数		純文字	
2回目	／	総字数		エラー数		純文字	
3回目	／	総字数		エラー数		純文字	

疑似（ぎじ）

検定試験速度問題採点方法

標準的な制限時間＝10分間
入力できた純字数が基準を満たしていれば合格。
合格基準例　　1級 700文字　　2級 450文字　　3級 300文字

純字数の求め方　　│　総字数 − エラー数　│

・誤字、脱字も含めて答案に印刷された文字数を総字数とする。
・総字数の確認方法＝最後に入力した文字が何文字目になるか。
・総字数からエラー数を引いた数を純字数とする。
・エラーは1か所について1字減点とする。
・問題文と入力原稿が相違している誤字、脱字、改行ミスなどをエラーとする。
・エラーが重複している場合は受験者が最も有利になるようにエラーを数える。

速度問題10

　祝日が何日あるか知っているだろうか。国民の祝日に関する法律　30
では、年間に計１６の日が「国民の祝日」とされ、それぞれの日の　60
趣旨が定められている。すべての祝日を言える人は少ないだろう。　91

　１月１日は元日、２月１１日は建国記念の日、４月２９日は昭和　121
の日など、日にちが固定されているものと、１月の第２月曜日とい　151
うように、その年によって日にちが変わる祝日もある。ちなみに、　181
この祝日は成人の日である。　195

　祝日のなかには、海の日や山の日、スポーツの日など名前を聞い　225
たことがあっても、それがいつなのかを思い出せないものも多い。　255
カレンダーを見て祝日があるとうれしいが、祝日の趣旨を意識する　285
ことは少ないだろう。これを機に調べてみるのもよい。　310

1回目	／	総字数		エラー数		純文字	
2回目	／	総字数		エラー数		純文字	
3回目	／	総字数		エラー数		純文字	

趣旨（しゅし）

エラー数の数え方の例

[原稿]

　夏季大会の開催都市について、ロサンゼルスの次はブリスベンだ。（30 字）

[入力採点例]
・アンダーライン部分が減点対象
・原稿に対して何文字間違っているかでカウントする

夏季大会の開催都市について、ろさんぜるすの次はブリスベンだ。（30 字－6 字＝24 字）
夏季大会の開催都市について、廬山ゼルスの次はブリスベンだ。（30 字－3 字＝27 字）
夏季大会の開催都市について、ロサンゼルス大会の次はブリスベンだ。（30 字－2 字＝28字）
夏季大会の開催都市についてロスの次はブリスベンだ。（30 字－5 字＝25 字）

　　　　　※ついて、ロサンゼルス＝5 文字脱落。「、」などの記号も1 字分に数える。

速度問題11

　年末年始の楽しみの一つに福袋がある。中身がわからない商品が　　30
詰まっていて、期待とワクワク感を楽しむことができる。中には限　　60
定品が入っていることもあり、購入者はその驚きと満足感を味わう　　90
ことができる。　　　　　　　　　　　　　　　　　　　　　　　　98

　歴史は、江戸時代にさかのぼる。必要な分量を切り売りしていた　128
日本橋の著名な呉服屋が、１年間の裁ち余りの生地を袋に入れて販　158
売していたことに始まるともいわれている。　　　　　　　　　　　179

　現代では、ファッション、家電製品など様々なジャンルで福袋が　209
販売されている。特に人気のあるブランドでは、開店前から行列が　239
できることもある。また、オンラインでの販売も増加している。地　269
理的な制約を受けずに多くの人が福袋を手に入れることができ、盛　299
り上がりを見せている。　　　　　　　　　　　　　　　　　　　　310

1回目	／	総字数		エラー数		純文字	
2回目	／	総字数		エラー数		純文字	
3回目	／	総字数		エラー数		純文字	

裁ち（たち）

文字の全角と半角について

　コンピュータ操作で取り扱う文字には、全角（ぜんかく）と半角（はんかく）がある。数字やアルファベットと一部の記号のほかにカタカナも半角での入力・表示が可能である。使用される言語によって半角／全角に関する取扱いは異なるが、一般的に日本語入力の場合の文字は全角を使用する。全角と半角を切り替えるためのキーとして、日本語のキーボードには、半角／全角キーがある。

　検定試験においては、全角と指定されている場合がある。指定がなくとも、原稿通り入力するタイプの問題では、通常は全角で示されているので、数字などを半角で入力するとずれて指示通りにならない場合がある。この問題集では、検定試験への対応を配慮して、問題はすべて全角で出題している。解答データ作成にあたって、検定対策として数字やアルファベットの入力の際には原則として全角で入力することを推奨する。

　実社会で用いられている文書については、英字・数字等を半角で入力している例もある。場面に応じて、半角／全角を使い分けられるようにしておく必要もある。

練習問題12

　高等学校では、調べ学習を発展させた探究に取り組む機会が多く　　30
なる。総合的な探究の時間では、特定のテーマやトピックに基づい　　60
て調査や研究を行い、結果をレポートで報告することがある。　　　　89

　レポートは、調査や研究に基づいて客観的に書き記すものだ。結　119
論や提言を、事実やデータを用いてまとめる。主観的に作者の感情　149
や筆者の意見を自由に表現する感想文とは違う点だ。　　　　　　　174

　文章構成の面でも、個人的な意見や感情が自由に表現された感想　204
文とは異なる。レポートでは、導入、本文、結論など、情報が整理　234
された明確な論旨が求められ、論理的な構成が重視される。　　　　262

　これらの違いを考慮して文章を書くことで、より完成度の高いレ　292
ポートをまとめることができるだろう。　　　　　　　　　　　　310

1回目	／	総字数		エラー数		純文字	
2回目	／	総字数		エラー数		純文字	
3回目	／	総字数		エラー数		純文字	

論旨（ろんし）

速度問題13

　忙しい現代社会で働くビジネスパーソンや、特定の栄養素が不足　　30
している状況に対処するために完全食の開発が始まった。研究者や　　60
企業は人間が必要とするすべての栄養素を包括的に摂取できる食品　　90
を提供することで、バランスのとれた栄養素を確保し、食事の手軽　　120
さと効率性を追求した。これにより特定の食材に頼らずに必要な栄　　150
養素を確実にとることができるようになった。　　172

　完全食は、栄養素がバランスよく含まれているため、栄養不足の　　202
リスクは低くなり、摂取カロリーを管理しやすい。一方で、自然な　　232
食事の多様性や味わいを楽しむことが難しくなり、食事のもつ社会　　262
的な側面や文化から離れることにつながり、食事の喜びやコミュニ　　292
ケーションが損なわれる可能性もある。　　311

　完全食は特定の状況や目的において有益である一方で、慎重な管　　341
理が求められる食事形態であるといえる。　　360

包括的（ほうかつてき）
摂取（せっしゅ）

1回目	／	総字数		エラー数		純文字	
2回目	／	総字数		エラー数		純文字	
3回目	／	総字数		エラー数		純文字	

速度問題14

　デジタル名刺は、伝統的な紙の名刺に代わる新しいコンセプトを　　30
もつ名刺だ。電子機器やオンラインを通じて情報をやりとりする現　　60
代社会において、便利で効果的な手段だ。　　80

　スマートフォンアプリやウェブページでＱＲコードやＮＦＣチッ　　110
プを通じて情報にアクセスできることが特徴だ。これにより、相手　　140
に直接名刺を手渡しすることなく、情報を提供することができる。　　170
紙の名刺では、限られた情報しか提供できないが、デジタル名刺で　　200
は、リンクや動画を組み込むことで、最新かつ詳細な情報を共有す　　230
ることができる。更新や修正も容易であり、情報の管理が効率的に　　260
行える。　　265

　デジタル名刺は、技術の進展とビジネス環境の変化に対応した新　　295
しいアプローチであり、情報の効率的な共有と更新が求められる現　　325
代社会において、今後ますます有益なツールとして活用が進んでい　　355
くだろう。　　360

1回目	／	総字数		エラー数		純文字	
2回目	／	総字数		エラー数		純文字	
3回目	／	総字数		エラー数		純文字	

名刺（めいし）

速度問題15

　複数の色を混ぜ合わせて色を作り出す際に、もとになる色のこと　　30
を原色という。光を重ね合わせて色を作る加法混色では、一般には　　60
赤・緑・青の三色である。色を混ぜて作る減法混合の場合は、シア　　90
ン・マゼンタ・イエロー（黄色）の三色である。　　　　　　　　　113

　伝統的にこの３つの色を原色と考え、三原色としているが、実は　143
この３つの色の選択に論理的な必然性はない。たとえば、絵の具を　173
混ぜて色を作る場合に、赤と青を混ぜると紫、黄と赤を混ぜると橙　203
というように、色を体系化した色相環で見た場合に混ぜた二色の中　233
間色ができる。したがって、紫と緑を混ぜれば黄色のような色がで　263
き、紫と橙を混ぜれば赤い色ができる。色材の作りやすさや表現の　293
しやすさなどから考えて、一般的な三原色とされているが、厳密に　323
みるとそこにもさまざまな解釈が存在している。　　　　　　　　　346

　ちなみに、混色によって生成された色は人工的なものなので、人　376
間には普通の色として認識できても他の生物からみれば自然な色で　406
はない。　　　　　　　　　　　　　　　　　　　　　　　　　　410

色相環（しきそうかん）
厳密（げんみつ）
解釈（かいしゃく）

		総字数		エラー数		純文字	
1回目	／	総字数		エラー数		純文字	
2回目	／	総字数		エラー数		純文字	
3回目	／	総字数		エラー数		純文字	

速度問題16

　データを視覚的にわかりやすく示すために使われるのがグラフで　　30
ある。その意味からして、使用法をとくに気をつけなければならな　　60
いのは円グラフだ。円グラフを使うことが絶対的に悪というわけで　　90
はないが、「わかりやすく示す」という観点から考えた場合、伝え　　120
たい情報がきちんと伝わるかどうか気をつけなければならない。　　150

　実際にグラフを生成して見てみると、円グラフは思いのほか情報　　180
が伝わりにくい。たとえば、二者択一の問題の回答の割合を示す場　　210
合や、百分率で割合を示した要素の中で飛びぬけて多くを占めてい　　240
るものがある場合では、円グラフは視覚的にわかりやすい。しかし、　　271
グラフ内の要素が多数ある場合は見づらく、表現されている情報が　　301
感覚的に伝わらない。単純に棒グラフで要素を並べるか、どうして　　331
も割合を視覚的に示したい場合は帯グラフにする方法もある。　　360

　このように、伝えたい情報がある場合には、情報を受け取る相手　　390
が理解しやすいかを考えなくてはならない。　　410

二者択一（にしゃたくいつ）
百分率（ひゃくぶんりつ）

		総字数		エラー数		純文字	
1回目	／	総字数		エラー数		純文字	
2回目	／	総字数		エラー数		純文字	
3回目	／	総字数		エラー数		純文字	

速度問題17

　学校のグランドに「にがり」をまく。よく見られる光景だ。まい　　30
ている場面にはお目にかからなくても、ある朝学校へ行ったら雪が　　60
降ったわけでもないのに一面うっすらと白くなっていたということ　　90
はないだろうか。にがりの主成分は塩化マグネシウムで、これを散　120
布することで土は引き締まり固くなる性質がある。つまり、砂ぼこ　150
りが舞うのを防いだり凍結を防止したりするのが目的である。　　　179

　にがりを漢字で書くと「苦汁」となる。文字通りにがりは口に含　209
むと苦い。苦汁には「くじゅう」という読みもある。嫌な経験をし　239
たときに使う慣用句「苦汁を飲まされた」という使い方をするとき　269
の読み方だ。　　　　　　　　　　　　　　　　　　　　　　　　276

　では、にがりは飲めるのだろうか。海水から塩を作る際に残った　306
ものがにがりである。にがりには海水中のさまざまなミネラル分が　336
含まれており、食べることができる。豆腐を固める際に使われるほ　366
か、さまざまな調味料としても使われている。また、煮物をする際　396
のあく取りとしても使われる。最近の健康ブームでにがりそのもの　426
を飲むという人もいる。ただし、飲み過ぎるとおなかをこわすこと　456
もある。　　　　　　　　　　　　　　　　　　　　　　　　　　460

散布（さんぷ）
慣用句（かんようく）
豆腐（とうふ）

1回目	／	総字数		エラー数		純文字	
2回目	／	総字数		エラー数		純文字	
3回目	／	総字数		エラー数		純文字	

速度問題18

　エコーチェンバーという言葉を知っているだろうか。エコーチェ　30
ンバーとは、ＳＮＳなどのソーシャルメディアを利用する際、自分　60
と似た考えや価値観、興味をもつユーザをフォローする結果、自分　90
と似た意見が返ってくるという環境を言う。つまり、異なる意見や　120
情報が届きにくくなり、情報のかたよりが生じる可能性があると言　150
える。　154

　似た言葉にフィルターバブルというものがある。これは、アルゴ　184
リズムが検索履歴やクリック履歴を分析し、学習することで、利用　214
者の見たい情報が優先的に表示され、観点に合わない情報からは、　244
隔離されるという環境をさす。多くの人が知らないうちに、このよ　274
うな状況に陥っている。そして、このような状況下であることに気　304
づいていない人も多いはずである。　321

　自分が必要とする意見や情報に囲まれることは、便利で心地よい　351
ものである一方、かたよりのない正確な情報を手に入れることが難　381
しくなる。まずは、自身の情報環境を理解することが必要で、その　411
上でインターネットの情報だけでなく、テレビや新聞などの多数の　441
メディアから情報を得るよう心がけたい。　460

隔離（かくり）
陥って（おちいって）

1回目	／	総字数		エラー数		純文字	
2回目	／	総字数		エラー数		純文字	
3回目	／	総字数		エラー数		純文字	

速度問題19

　街中でよくコインランドリーを見かける。衣類の洗濯や乾燥だけ　　30
でなく、布団や毛布、また運動靴なども洗うことができるため、非　　60
常に便利である。お店によってはカフェが併設されていて、待ち時　　90
間を楽しむことができる。キャッシュレスに対応している店舗も増　　120
えており、時代とともに変化している。聞いた話では、仕上がった　　150
洗濯物を畳んでくれるサービスもあるようだ。　　172

　昔は、自宅に洗濯機がない人や旅先で一時的に滞在するときに利　　202
用することが主流であったが、最近はそれだけではない。大量の洗　　232
濯物を乾燥まで一気に仕上げることができるため、時間短縮を目的　　262
に利用する人も多い。２４時間営業のお店も多く、仕事が終わった　　292
後、夜遅くに利用することもできるのである。また洗濯が目的では　　322
なく、ダニ対策や布団のメンテナンスのために、布団を乾燥機にか　　352
けるという使い方もあるようだ。羽毛布団専用の乾燥機を備えたお　　382
店も見かける。　　390

　コインランドリーは、現代の生活において非常に便利な施設の一　　420
つとなっている。多少の費用はかかるが、時間と手間を短縮できる　　450
便利な存在と言える。　　460

併設（へいせつ）
畳んで（たたんで）
手間（てま）

1回目	／	総字数		エラー数		純文字	
2回目	／	総字数		エラー数		純文字	
3回目	／	総字数		エラー数		純文字	

速度問題20

　家に置き時計や掛け時計があっても、目覚まし時計として機能し　　30
ているお家は少ないのではないだろうか。その代わりは言うまでも　　60
ない。ある民間のアンケートでは、スマートフォンのアラーム機能　　90
を利用して起床している人の割合が圧倒的に高く、次いで、スマー　　120
トフォンと目覚まし時計を併用していると答えた人の割合が高かっ　　150
た。その他、スマートウォッチや音声アシスタントの利用と答えた　　180
人もいる。　　186

　目覚まし時計以外にも、テクノロジーの進化や生活スタイルの変　　216
化により、これまで当たり前のように使われていたものが使われな　　246
くなっている例はいくつかある。昭和の時代には当たり前に使われ　　276
ていた紙の地図や電話帳は、今ではインターネットやアプリによっ　　306
て代用されている。音楽や映画の視聴は、ＣＤやＤＶＤではなく、　　336
ダウンロードやストリーミングサービスが一般的ではないか。家か　　366
ら出なくても、オンラインで商品が購入できる。　　389

　スマートフォンやインターネットの普及により、私たちの生活環　　419
境は良くも悪くも大きく変化した。これらの機器を適切に管理し、　　449
便利な生活を送りたい。　　460

1回目	／	総字数		エラー数		純文字	
2回目	／	総字数		エラー数		純文字	
3回目	／	総字数		エラー数		純文字	

併用（へいよう）

速度問題21

　神社やお寺の入口あたりにあって、参拝前に手や口や身を清める　　30
ための水を確保するための器のことを手水鉢（ちょうずばち）とい　　60
う。通常の使用手順は、最初に右手でひしゃくを取り、手水をすく　　90
う。その手水で左手を清める。ひしゃくを左手に持ちかえて、手水　　120
をすくって右手を清める。再び右手に持ちかえてすくった手水を左　　150
の手のひらにためて口に含む。音を立てないように口をゆすいで静　　180
かに吐き出す。前と同じ動作でもう一度左手を清める。さらに、手　　210
水をすくってひしゃくの柄を片手で持ち上げて、水をためる部分が　　240
上になるようして、柄を手水で洗い流す。最後にひしゃくをそっと　　270
元の位置に戻し置く。　　281

　茶の湯で使われるつくばいも手水鉢の一種である。使うときには　　311
身をかがめてつくばうのでこう呼ばれている。茶室のまわりにある　　341
庭に置かれていて、つくばいは茶室との結界を示しているとされて　　371
いる。　　375

　茶の湯が茶道へと進化していき、茶室と路地ともいわれる茶室ま　　405
わりの庭園を趣向を凝らして造り、茶をふるまうという風流が江戸　　435
時代のはじめ頃から流行し、今でもうけつがれている。　　460

吐き出す（はきだす）
柄（え）
結界（けっかい）
趣向（しゅこう）

1回目	／	総字数		エラー数		純文字	
2回目	／	総字数		エラー数		純文字	
3回目	／	総字数		エラー数		純文字	

速度問題22

　ロボットやＡＩ（人工知能）、ＩoＴ（モノのインターネット）　30
などの先端技術を活用した農業をスマート農業と呼ぶ。例えば、Ｇ　60
ＰＳやセンサーを組み込んだ自動走行式トラクターが農地を耕した　90
り、整地したりする。ＡＩを搭載した自走ロボットが農作物の収穫　120
時期を判断し、収穫していく。ドローンは、広範囲の農地をモニタ　150
リングし、発育状況の管理や病害虫の検知に役立っている。一部で　180
は、農薬を散布できるものもあるようだ。そして、農作業に関する　210
データは、クラウドで管理され、農業従事者で共有することができ　240
る。従来の農業とは大きく異なる。　257

　そもそもスマート農業が求められる背景として、農業従事者の高　287
齢化や担い手の減少による深刻な労働力不足が挙げられる。農作業　317
には、専門知識や経験を要するため、依然として熟練者でなければ　347
できない作業も多い。　358

　これらの問題に対し、農業と最新技術を組み合わせたスマート農　388
業が注目され、期待されているのである。もちろん、導入に多くの　418
課題があることは言うまでもないが、持続可能な農業の推進には、　448
必要不可欠かもしれない。　460

搭載（とうさい）
担い（にない）
依然（いぜん）
推進（すいしん）

1回目	／	総字数		エラー数		純文字	
2回目	／	総字数		エラー数		純文字	
3回目	／	総字数		エラー数		純文字	

速度問題23

　おりがみは、日本の伝統文化の一つである。紙を折り、さまざま　30
な形の作品を作っていく。簡単なものから複雑なものまであり、小　60
さな子どもからお年寄りまで年齢を問わず楽しむことができる。　90

　その起源は、はっきりとわかっていないが、歴史は古いと言われ　120
ている。はじめは、貴族が祭りや儀式で使用するために使われてい　150
たが、平安時代に入り、庶民の間でも楽しまれるようになった。江　180
戸時代には和紙の生産量も増え、おりがみが広く普及した。　208

　紙を折る作業は、手先を使うため子どもの手指の発達に役立つと　238
言われ、教育現場でも広く取り入れられている。また、高齢者施設　268
でも、脳の活性化やコミュニケーションの促進のため、活動の一環　298
として採用されているようだ。　313

　おりがみの作品として有名なものに、鶴や紙飛行機、手裏剣など　343
がある。これらは昔から作られてきた作品で、一度は作ったことが　373
ある人も多いのではないか。難易度はそれほど高くなく、何度か作　403
っているうちに折り方を覚えてしまうであろう。それに対して、最　433
近は、季節やイベント、キャラクターに関連した作品が人気で、Ｓ　463
ＮＳや動画共有サイトで広く紹介されている。夏になると、クワガ　493
タムシやカブトムシ、セミなど自然や昆虫をテーマにした作品が多　523
くシェアされている。クリスマスには、サンタクロースやリースが　553
作られている。部屋に飾って楽しんだり、友達にプレゼントしたり　583
することもでき、作る楽しみが広がる。　602

　おりがみは、手軽でかつリーズナブルにはじめられる遊びで、集　632
中力や創造力を育むことができる。紙を折るというシンプルであり　662
ながら非常に奥深いおりがみの世界は、幅広い世代で楽しむことが　692
できる伝統文化と言えるのではないか。　710

儀式（ぎしき）
庶民（しょみん）
手裏剣（しゅりけん）

1回目	／	総字数		エラー数		純文字	
2回目	／	総字数		エラー数		純文字	
3回目	／	総字数		エラー数		純文字	

速度問題24

　身体的または行動的特徴を使って本人を確認する認証方法を生体　30
認証またはバイオメトリクス認証と呼ぶ。テーマパークやコンサー　60
ト会場の入退出、スマートフォンの認証、ＰＣのアクセス管理など　90
さまざまな場面で広く使われている。ほとんどは、指紋や静脈、顔　120
や虹彩を使った認証方法ではないだろうか。テレビドラマの世界で　150
耳介（じかい）認証が使われていたが、実際に使われているところ　180
は見たことがない。　190

　生体認証のメリットは、利便性やセキュリティの高さと言われて　220
いる。確かに、複数のパスワードを管理する必要がなく、加えて、　250
紛失・盗難の心配も少ない。しかし、インターネットを検索してい　280
ると、いくつかのトラブルが散見された。例えば、顔認証において　310
は、兄弟や双子で認証された例や実物大に印刷をした顔写真での認　340
証例が報告されていた。静脈認証では、手が極端に冷たい状態では　370
認証されなかった例もあるようだ。私自身も金融機関のＡＴＭで指　400
紋認証がうまくいかない老人を見かけたことがある。乾燥により指　430
紋の模様が不鮮明になり、認識が難しくなることがあるらしい。　460

　そこで数年前から注目されているのが、マルチモーダル生体認証　490
である。それは、２つ以上の生体認証を組み合わせて行う認証方法　520
のことである。複数を組み合わせることでより高い認証精度と安全　550
性が期待される。また、一方の認証がうまくいかない場合に、他の　580
手段で認証できるという。技術の進歩により、利便性とセキュリテ　610
ィがさらに高いものになると言える。　628

　複数のパスワードを管理することから解放される生体認証は、今　658
後さらに普及し、利用する機会が増えていくだろう。デメリットも　688
十分理解した上で、利用することが求められる。　710

虹彩（こうさい）
散見（さんけん）
模様（もよう）

1回目	／	総字数		エラー数		純文字	
2回目	／	総字数		エラー数		純文字	
3回目	／	総字数		エラー数		純文字	

速度問題25

　落語は我が国の伝統芸能の一つとして広く認識されている。これ　　30
に対して、同じ話術による演芸である漫才は、色物（いろもの）に　　60
分類され落語より格下の芸という位置づけであった。江戸時代から　　90
演芸を観客に見せる興行小屋が登場する。いわゆる寄席と呼ばれる　　120
劇場である。寄席は落語を中心としたプログラム構成が基本で、そ　　150
の出演者名を黒字の札で示したのに対して、漫才や手品や曲芸など　　180
の出演者は赤字で書かれていた。この色違いの札を由来として、漫　　210
才などを色物と呼ぶようになった。　　227

　漫才の歴史をたどると、江戸時代から現代にかけて寄席での演目　　257
として進化しきて今の形になっている。しかし、そもそもの起源は　　287
平安時代までさかのぼる。つまり漫才は江戸時代から始まる落語よ　　317
り何世紀も前から続いている伝統芸能なのだ。それでも、江戸時代　　347
からの寄席では落語より格下という位置づけが定着した。これは、　　377
漫才が主に上方で発展していったことの影響かもしれない。　　405

　現代では寄席の演目にある演芸の中でも、漫才は特に人気がある　　435
といえる。たとえばテレビ番組では落語より漫才を目にする機会の　　465
ほうが多い。さまざまな演芸コンテストでも、落語のそれより漫才　　495
のそれの方が一般に広く知られている。おそらく多くの人は、好き　　525
な落語家より好きな漫才師の芸名のほうがたくさんあげられるので　　555
はないだろうか。　　564

　漫才と落語は相反する芸ではないし、互いに敵視している関係性　　594
もない。同じ劇場でともに舞台を踏むのも日常だ。いずれも話術で　　624
笑いを客席に届けるというすばらしい芸である。海外と比べてもこ　　654
れほど話芸に特化した演芸が定着している国は少ない。これからも　　684
永く、われわれを楽しませてくれることを期待している。　　710

漫才（まんざい）
格下（かくした）
起源（きげん）
寄席（よせ）
上方（かみがた）
相反する（あいはんする）

1回目	／	総字数		エラー数		純文字	
2回目	／	総字数		エラー数		純文字	
3回目	／	総字数		エラー数		純文字	

速度問題26

　２０２０年代に入り、農業・漁業などの既存のビジネスと先進的　30
なテクノロジーを結びつけた製品・サービスの開発や取り組みが進　60
められている。　68

　デジタルトランスフォーメーションが叫ばれ、各地の自治体でス　98
マートシティ化が進められており、行政サービスとテクノロジーを　128
組み合わせて効率化をはかるガブテックが注目されている。行政サ　158
ービスは、市役所などで必要な書類を用意し、順番を待ち、窓口に　188
おいて対面で行われる非効率なものが多かった。これを解消しよう　218
とする試みがガブテックである。　234

　大阪府四條畷市では住民票を住民がスマートフォンを通じて請求　264
でき、アカウントに登録されたクレジットカードで決済がされ、住　294
民基本台帳の登録地へ郵送される。兵庫県加古川市では、公式アプ　324
リによって、子供や高齢者の位置情報を保護者に自動的に通知する　354
ことで、見守りをサポートしてくれる。　373

　茨城県つくば市の学校では、ネット投票システムを利用した生徒　403
会役員選挙で実証実験も行われた。スマートフォンから生体認証に　433
より本人確認を行い、支持する立候補者にチェックを入れて投票す　463
る。所要時間は２分ほどだ。２０２０年の市長・市議選挙では若者　493
世代の投票率が最も低かった。ネット投票はデジタルネイティブ世　523
代にとっては簡単な方法であり、投票へ行くという行動へのハード　553
ルを下げることにつながるだろう。　570

　そのほかにも、農業分野のアグリテック、環境分野のクリーンテ　600
ック、教育分野のエドテック、金融分野のフィンテック、食品分野　630
のフードテックなど取り組みはさまざまだ。クロステックと呼ばれ　660
るこれらの取り組みは、ＡＩ、ＶＲ、ＩｏＴなどの技術と掛け合わ　690
せて、新しいビジネスの創出が期待できる。　710

四條畷（しじょうなわて）
決済（けっさい）
創出（そうしゅつ）

1回目	／	総字数		エラー数		純文字	
2回目	／	総字数		エラー数		純文字	
3回目	／	総字数		エラー数		純文字	

速度問題27 （禁則処理を含む問題）

　わが国の路面電車は東京の都電荒川線をはじめとして、富山、岡　30
山、広島、松山、長崎などの県庁所在地や、そのほかの都市でも多　60
数営業運転しており、古くから生活の足として利用されている。　90

　２０２３年に、宇都宮で新たに路面電車「宇都宮ライトレール」　120
が開業した。ライトレールはもともとアメリカで考えられ、自動車　150
などが走行する道路と隔てられた専用軌道をなるべく多く走行する　180
というものである。その起源は、旧西ドイツのフランクフルトで１　210
９６８年に開業したシュタットバーンとされている。路面電車のな　240
かでどれがライトレールに区分されるかという明確な基準は定めら　270
れていないが、日本では宇都宮のほかに広島や富山などもライトレ　300
ールに分類されている。　312

　ライトレールは通常の鉄道より新たな敷設が安価にでき、従来の　342
路面電車やバスより輸送力に優れているため、世界各地でも新たに　372
作られている。たとえば、アジア圏ではフィリピンのマニラ、韓国　402
の釜山、インドネシアのジャカルタなどですでに実用化されている。　434

　また、台湾高雄市のライトレールは、２０１５年に運転を一部区　464
間で開始し、２０２４年には市内中心部を回る約２２ｋｍの環状路　494
線が全線開通した。同市では、２００８年にはじめて地下鉄が開業　524
し、それから１０年を待たずに２本の地下鉄路線のほかにライトレ　554
ールが完成している。市民の日常の足としての役割だけでなく、観　584
光スポットを巡る移動手段としても重宝されている。　609

　単なる輸送手段の拡充という側面以外にも、観光資源としての活　639
用や老朽化した既存インフラの置き換えなど、さまざまなメリット　669
があることから、日本でも多くの都市で新たにライトレールを開業　699
しようとする動きがある。しかし、現在の日本ではいろいろな制限　729

がある。たとえば、最高時速は４０ｋｍ以下、平均時速は３０ｋｍ　　759
以下と定められている。このような法律による規制をクリアせねば　　789
ならない点や安全性の確保などの課題はあるが、行政の視座から見　　819
た場合に、ライトレールは一つのワイズスペンディング（賢い支出）　　850
の候補となるだろう。　　860

荒川（あらかわ）
軌道（きどう）
敷設（ふせつ）
釜山（ぷさん）
高雄（たかお）
老朽化（ろうきゅうか）
視座（しざ）

1回目	／	総字数		エラー数		純文字	
2回目	／	総字数		エラー数		純文字	
3回目	／	総字数		エラー数		純文字	

禁則処理
　Wordなどの文書処理ソフトにおける禁則処理とは、行頭や行末にあっては体裁の悪い文字や記号を、次の行に送ったり前の行に押し込んだりする処理のことです。
　例えば句読点（、。）や閉じ括弧（」』）】など）は行頭に位置することは禁止されています。これらが行頭に置かれると見た目が悪くなるほか、読みにくくなったり文意を取り違えたりする恐れがあるためです。練習問題27の15行目、29行目にそのような処理が見られます。
　なお、検定試験の速度問題では、一般的には禁則処理を含むものは出題されません。

行頭禁則文字の例（全角・半角含む）
「！％」，．：；？］｝¢°’”‰′″℃ 、。々〉》」】〕゛゜ヽゞ・ヽゞ）

　これらの文字は行頭禁則文字とされ、行頭にならないように処理されます。
　また、行末にならないように処理される行末禁則文字としては、以下の文字や記号が設定されています。

行末禁則文字の例（全角・半角含む）
＄（［＼｛£ ‘ “〈《「『【〔

速度問題28

　ジャガイモには、さまざまな品種が存在する。スーパーマーケッ　　30
トや八百屋では、男爵薯（だんしゃくいも）やメークインがよく売　　60
られている。男爵薯は、日本のジャガイモの起源でもあり、広く栽　　90
培され、消費されている品種である。ゴツゴツした表面とコロコロ　　120
とした丸い形が特徴で、ホクホクとした食感で甘みがある。メーク　　150
インは、大正時代初期にアメリカを経由して北海道に導入され、各　　180
地に広がった。表面の凹凸は少なく、細長い形が特徴で、しっとり　　210
ときめが細やかな食感である。この２つは、日本の２大品種として　　240
知られている。そのため、スーパーマーケットで見る機会も多かっ　　270
たのだ。　　275

　他にも、キタアカリやインカのめざめと呼ばれる品種があるが、　　305
これらは一度聞いたら忘れないような名称である。キタアカリは、　　335
男爵薯と「ツニカ」という品種を交配して作られた品種だそうだ。　　365
でんぷん質が多く、ホクホクとした食感が特徴である。インカのめ　　395
ざめは、南米アンデスのジャガイモを日本向けに改良した品種であ　　425
る。栗やナッツに似た独特の風味が魅力で、煮崩れが少ないため煮　　455
物に適している。後発の品種に、インカのひとみというものもある　　485
ようだ。他にも日本だけでなく世界中には、多数の品種があるが、　　515
日本のスーパーマーケットで購入できるものは、一般的に１５品種　　545
程度と言われている。オンラインショッピングを利用すると市場に　　575
はあまり出回っていない品種も手に入るようだ。産地直送で新鮮な　　605
ものが送られてくるため、インターネットを利用した購入方法も人　　635
気のようだ。　　642

　次に、ジャガイモを使った料理について紹介しよう。ジャガイモ　　672
は優れた食材であり、多様な料理に利用されている。ポテトサラダ　　702
や肉じゃが、コロッケ、カレーやシチュー、フライドポテトなど有　　732
名な料理は挙げればきりがないほどである。ポテトサラダには、先　　762
述した男爵薯やキタアカリなどの品種が向いている。茹でたものを　　792
潰して、マヨネーズや調味料と和え、野菜やハムなどを加えると　　822

きあがる。定番の料理である。肉じゃがやカレー、シチューなどの　852
煮込み料理には、メークインや「とうや」などの煮崩れがしにくい　882
品種を食材として選ぶことで、料理の味を楽しむことができる。ホ　912
クホクとした触感を楽しみたい場合は、男爵薯のような品種がおす　942
すめである。子どもから大人まで人気のフライドポテトには、「ホ　972
ッカイコガネ」と呼ばれるものが使われている。これは、フライド　1002
ポテト用に開発された品種だそうだ。果肉の色は淡い黄色で、皮が　1032
むきやすいのが特徴である。品種について知ることで、料理にも応　1062
用がききそうだ。　1071

　ジャガイモは、保存がきく野菜であるが、素材の品質を損なわな　1101
いためにも、適切な状態で保存することが必要である。一般的に、　1131
冷蔵庫に入れると低温障害が起こるため、新聞紙や紙袋に包み、直　1161
射日光が当たらない風通しの良い場所で保存することがおすすめさ　1191
れている。リンゴがある場合には、ジャガイモと一緒に入れておく　1221
と、エチレンガスの働きによって発芽しにくいと言われている。　1251

　ジャガイモはその多様な使い道から、世界中のさまざまな文化の　1281
食卓に登場し、愛され続けている。長期保存が可能で、比較的に簡　1311
単な調理方法とその栄養価の高さから、家庭料理からレストランま　1341
で、さまざまな場面で提供されている。今も昔も、ジャガイモを活　1371
用したさまざまな料理は、食卓において欠かせない存在となってい　1401
るのだ。今回はジャガイモについて調べてみたが、サツマイモやト　1431
マトなどの野菜も数多くの品種があるため、機会があれば調べてみ　1461
たい。詳しく知ることで、料理のバリエーションが増え、食事を楽　1491
しむことができる。　1500

凹凸（おうとつ）
煮崩れ（にくずれ）
茹で（ゆで）
潰して（つぶして）
損なわ（そこなわ）
発芽（はつが）

1回目	／	総字数		エラー数		純文字	
2回目	／	総字数		エラー数		純文字	
3回目	／	総字数		エラー数		純文字	

速度問題29

　持続可能な観光が１９８７年に国連で定義されたことを契機に、　　　30
観光旅行は、ニューツーリズムと呼ばれるテーマ性のある新しいス　　　60
タイルで楽しむ人々が増加してきた。　　　78

　従来の観光旅行は、多くの旅行者が一度に同じ行程を楽しむパッ　　108
ケージ型の団体旅行が主流であり、数日から１週間程度の期間に旅　　138
館やホテルに宿泊して各地の観光名所を見学するなどの形式が中心　　168
であった。ひとつの観光地に多くの人が集まることから、観光客ら　　198
による環境汚染や、観光施設を作るための環境破壊、観光客を受け　　228
入れることによって起こる文化の変容によって観光地が疲弊するな　　258
どの負の影響が問題視されていた。一方で、ニューツーリズムは、　　288
各地域の特性を活かしたテーマ性のある旅行のあり方で、地域活性　　318
化やリピーターの獲得につながる仕組みである。個人のニーズに合　　348
わせた旅行プランを提供できることなどのメリットがあり、旅行者　　378
を受け入れる地域にとっても負担が少なくなると考えられる。　　407

　テーマ性のある旅行のスタイルは、訪日外国人観光客の中でも、　　437
過去に有名な観光地を訪問した経験から、今度はより深い体験をし　　467
たいという日本らしさを求めるニーズをもつ人々から注目を集めて　　497
いる。　　501

　２０２３年に観光庁が発表した「訪日外国人消費動向調査」によ　　531
ると、訪日前に期待していたことの項目で、日本食を食べることと　　561
いう回答がおよそ８５％であり、訪日外国人観光客のニーズとして　　591
も日本食は上位であることがうかがえる。食を活かした観光に「ガ　　621
ストロノミーツーリズム」と呼ばれるものがある。地域に固有の食　　651
文化に触れることを目的とした観光のことで、食材、食習慣、調理　　681
法、郷土料理、歴史などさまざまな観点から食を楽しむことが主な　　711
内容だ。食育や異文化理解にも役立てられる可能性から、注目され　　741
ているものの一つである。　　754

　訪日外国人観光客は、日本は地形や歴史的な背景により、地域ご　　784
とに食の資源や文化が異なることを魅力に感じており、８割を超え　　814

る人々が日本食を食べたいというニーズがあり、日本食への期待値　844
は高い。さらに、消費傾向もモノからコトへと移っており、歴史や　874
文化、その地域ならではの体験をしたいというニーズが高まってき　904
ている。　909

　新潟市では、周辺で採れた旬の食材を使用したレストランバスを　939
運行し、参加者は観光地を巡る車内で食事を楽しむことができる。　969
メニューや観光ルートにはさまざまなバリエーションがあり、ニー　999
ズに応じたプラン選択が可能となっている。　1020

　茅野市では、地元特産の寒天や凍み豆腐をテーマにしたツアーを　1050
行っている。製造過程の見学や、古民家への宿泊、郷土料理を食べ　1080
るといった内容で、２０２３年には２７０人ほどの外国人観光客が　1110
参加している。１年間に複数回参加する観光客もいる。一方、地域　1140
住民にとっては、ガストロノミーツーリズムへの取り組みをとおし　1170
て、地元の産業の魅力を再認識するきっかけとなっている。　1198

　たくさんの人々が集まる観光地では「オーバーツーリズム」とよ　1228
ばれる問題を抱えている。観光公害とも呼ばれるこの問題は世界的　1258
な課題であり、観光地に人が集まり過ぎることで渋滞が起き、街に　1288
ゴミが散乱するなどのマナー違反が相次ぎ、観光が地域の生活に負　1318
の影響を及ぼす現象のことだ。日本は世界的に見ても魅力的な文化　1348
を数多く持つ国である。さまざまな地域がニューツーリズムに取り　1378
組むことで、観光客の分散も可能である。食に関するコト消費に興　1408
味を持つ外国人も少なくない。地域の食文化と伝統的な産業を組み　1438
合わせることで、世界的に注目される可能性も秘めている。新たな　1468
アイデアで世界に先駆けて問題解決を図ることができるかもしれな　1498
い。　1500

契機（けいき）
疲弊（ひへい）
獲得（かくとく）
訪日（ほうにち）
郷土（きょうど）
食育（しょくいく）
採れた（とれた）
茅野（ちの）
古民家（こみんか）

1回目	／	総字数		エラー数		純文字	
2回目	／	総字数		エラー数		純文字	
3回目	／	総字数		エラー数		純文字	

第2節 文書作成問題

練習問題1[†]

所要時間（　　分　　秒）

次の文書を、A4判縦長用紙に体裁よく作成しなさい。ただし、1行を30字、1ページを29行に設定すること。

営発第285号

令和9年7月23日

アンダンテの森株式会社

　総務部長　橋田　和夫　様

徳島市新浜西町1-2-3

春木山電子株式会社

営業部長　城山　清志

　　　　特別ご優待セールのご案内

拝啓　貴社ますますご隆盛のこととお喜び申し上げます。

　さて、当社では、毎年ご好評いただいております特別ご優待セールを8月23日から2日間、開催することとなりました。特に評判の良いアウトドア商品を、下記のとおり特別価格でご用意しております。

　つきましては、同封した資料で詳細をご確認のうえ、ご来場くださいますようお願い申し上げます。

敬具

記

型　番	商　　　品	特別価格
GPAW412	デジタル無線双眼鏡	23,800円
OT12	アウトドア冷風機	5,600円

以上

練習問題 2[†]　　　　　　　　　　　所要時間（　　　分　　　秒）

　次の文書を、A4判縦長用紙に体裁よく作成しなさい。ただし、１行を30字、１ページを28行に設定すること。

　　　　　　　　　　　　　　　　　　　　　　販発第４１８号
　　　　　　　　　　　　　　　　　　　　　令和８年６月１７日

株式会社　南玉手販売店
　営業部長　井上　良樹　様

　　　　　　　　　　　　　　　和歌山市北町１－９－２０
　　　　　　　　　　　　　　　西野スポーツ株式会社
　　　　　　　　　　　　　　　　販売部長　西野　智之

　　　　　　　　新商品カタログ送付のお知らせ
拝啓　貴社ますますご発展のこととお喜び申し上げます。
　さて、このたび弊社では、数年前から開発に取り組んで参りました運動不足解消商品が完成し、１０月上旬から発売することになりました。
　つきましては、同封のカタログをご参照のうえ、ご注文くださいますようよろしくお願いいたします。

　　　　　　　　　　　　　　　　　　　　　　　　敬　具

　　　　　　　　　　　　記

商品番号	商　　　品	販売価格
ＮＷ１２０Ｔ	おもり付きなわとび	２，９００円
ＳＴＥＰ０７	足踏みカウンター	８，６００円

　　　　　　　　　　　　　　　　　　　　　　　　以　　上

練習問題 3[†]

所要時間（　　　分　　　秒）

　次の文書を、それぞれの指示と校正記号に従い、A4判縦長用紙に体裁よく作成しなさい。1行を30字、1ページを29行に設定すること。

入発第１０２号
令和９年１２月３日　　）右寄せする。

山上南東総合高等学校　　□
　　進路指導部　今尾　明子様

　　　　　　　　　　　東京都葛飾区亀有１２－４
　　　　　　　　　　　ＮＥＴキャッスル大学
　　　　　　　　　　　入試課長　黒木　清三郎

一般入試対策講座　←　フォントは横200％（横倍角）にし、一重下線を引き、センタリングする。

拝啓　貴校ますますご発展のこととお喜び申し上げます。
　さて、このたび本校では、受験生を対象に下記の対策講座を実施いたします。過去の入試問題をもとに、出題傾向や直前の勉強方法についてわかりやすく解説いたします。講座終了後は、個別相談会も予定しております。つきましては、同封の資料をご覧いただき、ＷＥＢからお申し込みくださいますようお願い申し上げます。
　　　　　　　　　　　　　　　　　　　　　　　　敬　具

記　←　センタリングする。

┌─表の行間は2.0とし、センタリングする。

実施日	講　　座	所要時間
１２月２４日	直前対策試験と解説	８０分
１２月２５日	英作文対策講座	６０分

枠内で均等割付けする。　　枠内で右寄せする。

以　上

右寄せし、行末に１文字分スペースを入れる。

練習問題 4 †

所要時間（　　分　　秒）

次の文書を、それぞれの指示と校正記号に従い、A4判縦長用紙に体裁よく作成しなさい。1行を30字、1ページを29行に設定すること。

企発第５１６号
令和８年７月２８日

ファンシーショップ豊島
　　代表　豊島　玉五郎　様

米原市万願寺西３－８－１
　　キリトリマウス株式会社
　　企画部長　大畑　ひとみ

工作教室の実施について　　←一重下線を引き、センタリングする。

拝啓　貴社ますますご清栄のこととお慶び申し上げます。
　　さて、毎年好評の夏休み工作教室を、下記のとおり実施します。例年通り、低学年向けには、牛乳パックや紙粘土を使った貯金箱の作成を実施します。中学年、高学年向けには、電子部品を組み合わせたロボット制作を予定しています。
　　つきましては、お客様に同封のチラシをお渡しいただき、ご紹介くださいますようお願い申し上げます。

敬　　具　　←右寄せし、行末に1文字分スペースを入れる。
記　　←センタリングする。

表の行間は2.0とし、センタリングする。

対　　　象	内　　　容	人数募集
低学年向け	オリジナル貯金箱作り	６０名
中・高学年向け	ロボット制作	１５名

枠内で均等割付けする。　　枠内で右寄せする。

以　　上

練習問題 5†   所要時間（　　　分　　　秒）

　次の文書を、それぞれの指示と校正記号に従い、A4判縦長用紙に体裁よく作成しなさい。１行を30字、１ページを28行に設定すること。

小デ研発第７６号　＼
令和９年６月１日　　／右寄せする。

東旭川実業高等学校
　　校長　北村　文彦様

　　　　　　　　　　　　　　小樽市富岡３－５
　　　　　　　　　　　　　　小樽デザイン教育研究所
　　　　　　　　　　　　　　　入試広報課長　塩見　洋介

　　　　　　　　　　←フォントは横200％（横倍角）にし、センタリングする。
オープンキャンパスのご案内
拝啓　貴校ますますご清栄のこととお喜び申しあげます。　←キャンパス
　さて、このたび本校では、高校生を対象にオープンスクールを実施いたします。先進的な技術を体験していただき、進路を決定するきっかけとしていただければと考えております。
　つきましては、生徒の皆様に同封の学校案内を配付いただき、ご紹介のほどよろしくお願い申しあげます。
敬　具　←右寄せし、行末に１文字分スペースを入れる。

記　←センタリングする。

　　　　　　　　　　　┌─表の行間は2.0とし、センタリングする。

日　程	講　座　内　容	開始時刻
７月２１日	タブレットを利用したロゴ作成	９：００
７月１３日	スマートフォンで動画撮影・編集	１４：００

　　　　　　　　　　　　　　　　　　　　　　以　上
└─枠内で均等割付けする。　　　　　　　└─枠内で右寄せする。

練習問題 6 †

所要時間（　　　分　　　秒）

次の文書を、それぞれの指示と校正記号に従い、A4判縦長用紙に体裁よく作成しなさい。１行を30字、１ページを28行に設定すること。

総営発第４２６号
令和１１年１０月７日

株式会社　ヒューマンサイエンス
　営業部長　辻部　宏美　様

　　　　　　　　　宇和島市新町１－９
　　　　　　　　　きさいや物産株式会社
　　　　　　　　　　総務部長　富士　真里

職員研修講師派遣の依頼について　←──一重下線を引き、センタリングする。
拝啓　貴社ますますご清栄のこととお喜び申し上げます。
　さて、弊社では今年度より職員研修の充実を計画しております。社員の技術向上や知識の深化を図ることを目的に、次の内容で実施いたします。つきましては、同封の資料にて詳細をご確認いただき、講師を派遣してくださいますようお願い申し上げます。
敬　具　←── 右寄せし、行末に１文字分スペースを入れる。

記

──表の行間は2.0とし、センタリングする。

日　　程	講　座　内　容	参加者数
１１月３日	ビジネスコーチング研修	３５名
１２月２日	メールコミュニケーション研修	１２０名

以　上

──枠内で均等割付けする。　　枠内で右寄せする。

練習問題 7†   所要時間（   分   秒）

　次の文書を、それぞれの指示と校正記号に従い、A4判縦長用紙に体裁よく作成しなさい。1行を30字、1ページを29行に設定すること。

仕 発 第 ３ ６ 号
令 和 ９ 年 ３ 月 ９ 日 ）右寄せする。

北 極 産 業 　 株 式 会 社
　 営 業 部 長 　 堀 内 　 誠 一 　 様

大 阪 市 大 正 区 鶴 町 ３ － ７
鹿 児 島 食 品 株 式 会 社
　 仕 入 部 長 　 西 田 　 良 彦

商 品 見 積 も り の お 願 い ←──フォントは横200％（横倍角）にし、センタリングする。
拝 啓 　 貴 社 ま す ま す ご 隆 盛 の こ と と お 喜 び 申 し 上 げ ま す 。

　 さ て 、 弊 社 で は 来 る ７ 月 １ 日 よ り 、 産 地 直 送 物 産 店 を 開 催 い た し ま す 。 お 客 様 に 喜 ん で い た だ け る 良 質 で リ ー ズ ナ ブ ル な 商 品 を 多 数 取 り 揃 え 、 多 数 の お 客 様 の 来 店 を 見 込 ん で お り ま す 。
　 つ き ま し て は 、 次 の 商 品 に つ い て 見 積 も り を お 願 い い た し ま す 。
な お 、 ご 多 忙 の と こ ろ 大 変 恐 縮 で す が 、 ３ 月 ３ １ 日 ま で に ご 回 答 く だ さ い ま す よ う お 願 い 申 し 上 げ ま す 。
敬 　 具 　 ←── 右寄せし、行末に１文字分スペースを入れる。

記

　　　　　　　　　　　　　┌── 表の行間は2.0とし、センタリングする。

商　品　名	内容量	注文予定数
さつま芋のしっとりタルト	６個入り	４００個
ホッキョクグマのかき氷	５００ｍｌ	１，０００個

枠内で均等割付けする。　　　枠内で右寄せする。　　　　以　上

練習問題 8[†]

次の文書を、それぞれの指示と校正記号に従い、A4判縦長用紙に体裁よく作成しなさい。１行を30字、１ページを29行に設定すること。

ポ高発第６３２号
令和７年７月７日　　右寄せする。

浜風産業株式会社
　代表取締役社長　　藤井　　明□様

　　　　　　　　　神戸市中央区港島９－９
　　　　　　　　　ポートアイランド高等学校
　　　　　　　　　校長　　長谷川　隆一朗
　　　　　フォントは横200％（横倍角）にし、センタリングする。

創立３０周年記念式典のご案内
拝啓　貴社ますますご発展のこととお喜び申し上げます。さて、このたび本校は、来る１１月２日をもちまして、創立３０周年を迎えることになりました。これも御社をはじめ、皆様のご支援の賜物と心からお礼申し上げます。
　つきましては、次のとおり記念式典を催したいと存じます。ご多忙のところ誠に恐縮でございますが、なにとぞご臨席を賜りますようお願い申し上げます。
敬　　具　　←　右寄せし、行末に１文字分スペースを入れる。

　　　　　　　　　　　　　記

　　　　　　　　表の行間は2.0とし、センタリングする。

記　念　行　事	会　　場	時　間
創立３０周年記念式典	本校アリーナ	１０時〜１２時
祝賀会	三宮駅前ホテル	１４時〜１６時

　　枠内で均等割付けする。　　　　枠内で右寄せする。　　以　上

練習問題 9†   所要時間（   分   秒）

　次の文書を、それぞれの指示と校正記号に従い、A4判縦長用紙に体裁よく作成しなさい。1行を30字、1ページを29行に設定すること。

                              総 発 第 2 3 9 号
                              令和 9 年 9 月 1 5 日

ＯＫＡＺＡＫＩ総合株式会社
　営業部長　岡崎　はると　様

                        宇都宮市富士見が丘 3 － 8 － 1
                        サンライオン株式会社
                            総 務 部 長　高 木　洋 平

リニューアルセールのお知らせ　←　フォントは横200％（横倍角）にし、センタリングする。

拝啓　貴社ますますご隆盛のこととお喜び申し上げます。平素は格別のご高配を賜り、厚く御礼申し上げます。

　さて、このたび弊社の駅前店では、店舗改装工事が~~特別~~（トル）無事に終わりました。それに伴い、１０月８日～１０日までの３日間、リニューアルオープンを記念し、セールを開催いたします。

　つきましては、下記の商品を数量限定ではありますが、特別価格にてご提供いたします。皆様お誘いあわせの上、ご来店くださいますよう、お願い申し上げます。　　　　　　　　　　　　敬　具

記　←　センタリングする。

表の行間は2.0とし、センタリングする。

商　品　名	特　　　　徴	数　量
クッキーアソート	紫芋とおからのクッキー	１００個
焼き菓子セット a	無農薬の果物を使用	５０個

枠内で均等割付けする。　　　枠内で右寄せする。

以　上
右寄せし、行末に1文字分スペースを入れる。

練習問題10†

所要時間（　　分　　秒）

　次の文書を、それぞれの指示と校正記号に従い、A4判縦長用紙に体裁よく作成しなさい。1行を30字、1ページを28行に設定すること。

販発第１００号
令和１０年６月３日　）右寄せする。

株式会社ティー・ケイ・エムファクトリー
　営業部長　手塚山　貫太　様

　　　　　　　　　　水戸市中央８丁目９番２号
　　　　　　　　　　かえるハーモニー株式会社
　　　　　　　　　　　販売部長　駒岸　桃奈

商品の注文について　←フォントは横200％（横倍角）にし、一重下線を引き、センタリングする。
拝啓　貴社ますますご隆盛のこととお喜び申し上げます。
　さて、先日の真新商品発表会において、商品特徴の説明および実演を拝見させていただき、ありがとうございました。社内で検討を重ねました結果、
８月より店頭およびオンラインショップにおいて販売することを決定いたしました。
　つきましては、下記のとおり注文いたしますので、７月２５日までに納入いただきたく、お願い申し上げます。　　　　　　敬　具

記　←センタリングする。

表の行間は2.0とし、センタリングする。

商品コード	商　品　名	発注数量
ａｇｔ－０３８	アコースティックギター	６本
ＶＮ－０７０８	クリアボディヴァイオリン	３丁

枠内で均等割付けする。　　　　　　　　　　枠内で右寄せする。　　　以　上

45

練習問題11[†]

次の原稿を、①～⑨の指示と校正記号に従い、体裁よく作成しなさい。なお、太実線と細実線を区別して引き、文字のフォントサイズは指示がなければ12ポイントとし、1行を37字、1ページを27行に設定すること。

健康体操のご案内 ◄── ①フォントサイズは36ポイントで斜体文字にし、センタリングする。

東山スポーツ大学では、週に2回、1時間の健康体操講座を企画しました。自宅にいる時間が長くなったと感じている皆さん、近所の方をお誘い合わせの上、ぜひご参加ください。

講座内容〔ゴ〕

②各項目名は、枠のなかで左右にかたよらないようにする。

③枠内で均等割付けする。

④左寄せする（均等割付けしない）。　⑤センタリングする（均等割付けしない）。

講座名	内　　　容	実施日	会　　場
ラジオ体操第二	短時間で行う効果的な全身運動	平日	総合運動場
ストレッチ体操	椅子を使った簡単なストレッチ		第2体育館
リズム運動	頭と体を刺激するハードな運動	毎週土曜日	

⑤と同じ。

（全身：挿入）

◇　動きやすい服装で、タオルや水分をご持参ください。 ◄── ⑥一重下線を引く。

◇〔ゴ〕お問い合わせ先：０９０－００００－１１１１

参加費〔ゴ〕

②と同じ。

③と同じ。

⑦右寄せする。　⑦と同じ。

区　　分	1講座／月額	フリーパス／月額
小・中・高校生	3,000 円	7,000 円
大人（大学生以上）	4,500 円	

オブジェクト（イラスト）の挿入位置

※　体験の方は、無料で参加できます。　⑧文字を線で囲む。

※　フリーパス料金は、3つの講座すべてに参加いただけます。

担当：藤原　順子（よりこ） ◄── ⑨明朝体のひらがなでルビをふり、右寄せする。

練習問題12†

所要時間（　　分　　秒）

次の原稿を、①〜⑨の指示と校正記号に従い、体裁よく作成しなさい。なお、太実線と細実線を区別して引き、文字のフォントサイズは指示がなければ12ポイントとし、1行を37字、1ページを27行に設定すること。

```
オブジェクト(標題)の挿入・センタリング
```

①二重下線を引く。

今年も西商店街では、地域子ども会交流イベントを<u>9月1日（日）</u>に開催いたします。小学生から高校生まで、年齢・性別を問わず、多く〈の〉子どもたちの参加をお待ちしています。

②文字を線で囲む。

イベント一覧

③各項目名は、枠のなかで左右にかたよらないようにする。

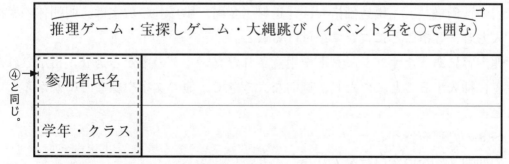

イベント名	内　　　容	集合場所	定員
推理ゲーム	3人1組で謎解き迷路にチャレンジ	商店街会館	60名
宝探しゲーム	商店街に隠された20の宝探し		50名
大縄跳び	1組10人で大縄60秒勝負	西山スクエア	

⑤左寄せする(均等割付けしない)。
⑥センタリングする(均等割付けしない)。
④枠内で均等割付けする。
⑥と同じ。

※　動きやすい服装での参加をお願いいたします。

担当：金田　智子（かねた）

⑦明朝体のひらがなでルビをふり、右寄せする。

- - - - - - - - - - - - - - き　り　と　り - - - - - - - - - - - - - -

交流イベント申込書

⑧フォントは200％（横倍角）で、センタリングする。

推理ゲーム・宝探しゲーム・大縄跳び（イベント名を○で囲む）	
参加者氏名	
学年・クラス	

④と同じ。

◎　申込期限　8月20日〜8月30日

◎　当日、保護者の方の付き添いをお願いいたします。

⑨網掛けする。

練習問題13†　　　　　　　　　　　　　所要時間（　　　分　　　秒）

　右の文書を、余白は上下左右25㎜、１行37字に設定し、指示のないフォントは明朝体の全角12ポイントとし、作成しなさい。本問題は、１ページ25行で作成しているが、解答にあたっては、行数を調整すること。

【指示】

１．右の問題文を校正記号に従って入力すること。

２．表は、行頭・行末を越えずに作成し、行間は2.0とすること。

３．罫線は、右の表のように太実線と細実線を区別して引くこと。

４．表の枠内の文字は１行で入力し、上下のスペースが同じであること。

５．表内の空白には、下の資料を参考にし、入力すること。

資料

商　　　品	価　　格	販売数量
お味見うどん３種	1,200 円	５０個
夕食のおかずに	1,200 円	３０個
練り物セット	980 円	５０個

商　　　　　品	税込価格
うどん６種食べ比べセット	2,500 円
中華点心オードブル	3,900 円

６．表内の「価格」、「税込価格」、「送料（全国一律）」の数字は、明朝体の半角で入力し、３桁ごとにコンマを付けること。

７．出題内容にあったオブジェクトを用意されたフォルダの中から選び、指示された位置に挿入すること。ただし、適切な大きさで、他の文字や線などにかからないこと。

８．①～⑧の処理を行うこと。

９．右の問題文にない空白行を入れないこと。

歳末特別セールのご案内　←　①フォントサイズは24ポイントで斜体文字にし、センタリングする。

　このたび弊社では、ゴールド会員様を対象に日頃の感謝の気持ちを込めて、特別ご優待セールを開催いたします。人気商品を特別セットにして販売いたします。この機会に、ぜひご賞味くださいますようお願いいたします。

②網掛けする。

【セット内容】ゴ　　③各項目名は、枠のなかで左右にかたよらないようにする。

⑤左寄せする（均等割付けしない）。
⑥センタリングする（均等割付けしない）。

④枠内で均等割付けする。
⑦右寄せする。

商　　品	内　　　　容	販売数量	価　　格
	人気の肉餃子といか焼売をセットに	３０個	
お味見うどん３種	具材の違う鍋焼きうどんを３種類		1,200 円
練り物セット	そのまま食べてもおでんの具材にも		

※　セット内容の詳細は、店頭でご確認をください。　トル

【オンライン販売】ゴ　　③と同じ。

⑦と同じ。

④と同じ。

商　　　品	税込価格	送料（全国一律）
うどん６種食べ比べセット	2,500 円	
中華点心オードブル		1,200 円

オブジェクト
（イラスト）
の挿入位置

☆　人気商品につき、商品到着までお時間がかかる場合もございます。

☆　ギフト用のｂｏｘ・紙袋は、別途料金が必要となります。

⑧二重下線を引く。

練習問題14[†]

所要時間（　　　分　　　秒）

　右の文書を、余白は上下左右20mm、１行35字に設定し、指示のないフォントは明朝体の全角12ポイントとし、作成しなさい。本問題は１ページ28行で作成しているが、解答にあたっては、行数を調整すること。

【指示】

1．右の問題文を校正記号に従って入力すること。
2．プロポーショナルフォントは使用しないこと。
3．複数ページにわたる印刷にならないよう書式設定に注意すること。
4．出題内容に合った標題のオブジェクトを、用意されたフォルダの中から選び、指示された位置に挿入し、センタリングすること。
5．表は、行頭・行末を越えずに作成し、行間は2.0とすること。
6．罫線は、右の表のように太実線と細実線とを区別すること。
7．表の枠内の文字は１行で入力し、上下のスペースが同じであること。
8．表内の「教室名」、「時間」、「募集人数」は、次の資料を参照し、項目名とデータが正しく並ぶように作成すること。
　　資料

教室名	時間	募集人数
もちピザ講座	19:00〜21:30	8名
クリスマスオムレツ	19:00〜21:30	16名
あつあつポトフ	17:30〜20:00	16名

9．表内の「時間」、「募集人数」の数字は、明朝体の半角で入力すること。
10．切り取り線「－－－－」の部分は、行頭、行末を越えないように作成すること。また、「体験教室申込券」の表より短くしないこと。
11．切り取り線には、右の問題文のように「切　り　取　り」の文字を入力し、センタリングすること。
12．「体験教室申込券」の表はセンタリングすること。
13．①〜⑨の処理を行うこと。
14．右の問題文にない空白行を入れないこと。

オブジェクト(標題)の挿入・センタリング

当教室では、寒い季節にぴったりなメニューの講座を開催いたします。ウインナーソーセージを使ったお手軽で おいしいメニュー を体験しましょう。　①網掛けする

【講座一覧】　②各項目名は、枠のなかで左右にかたよらないようにする。

教　室　名	特　　　徴	時　　間	募集人数
あつあつポトフ	野菜とともに煮込むだけ	17:30〜20:00	
	野菜とタンパク質が充実		
	残ったお餅のお助けレシピ		8名

④左寄せする(均等割付けしない)。
③枠内で均等割付けする。
⑤右寄せする。

◎　先着１００名様にお土産引換券をプレゼントします。

◎　かんたんお料理教室「じゃーまにー」　ＴＥＬ　６９−２３４０

担当：坂城原（サカキバル）　伸一　←　⑥明朝体のカタカナでルビをふり、右寄せする。

−−−−−−−−−−−−−−−　切　り　取　り　−−−−−−−−−−−−−−−

体験教室申込券　←　⑦フォントは横200%(横倍角)にして、センタリングする。

⑧センタリングする(均等割付けしない)。

ポトフ・オムレツ・ピザ（希望の講座名を○で囲む）	
お名前	
フォトグラムアカウント名	

③と同じ。

※　公式フォトグラムの dm からも申し込みできます。

※　申込期間　１１月１日〜１１月２３日　←　⑨波線を引く。

練習問題15[†]

所要時間（　　　分　　　秒）

　右の文書を、余白は上下左右20㎜、１行38字に設定し、指示のないフォントは明朝体の全角12ポイントとし、作成しなさい。本問題は１ページ24行で作成しているが、解答にあたっては、行数を調整すること。

【指示】

１．プロポーショナルフォントは使用しないこと。

２．複数ページにわたる印刷にならないよう書式設定に注意すること。

３．右の問題文を校正記号に従って入力すること。

４．表の行間は、2.0とすること。

５．罫線は、右の表のように太実線と細実線とを区別し、行頭・行末を越えずに引くこと。

６．表の枠内の文字は１行で入力し、上下のスペースが同じであること。

７．表内の「講座名」、「曜日」、「時間」、「登録料」は、次の資料を参照し、項目名とデータが正しく並ぶように作成すること。

　資料

講座名	曜日	時間
バレエ	火・木	１９時～２１時
ポートレート写真	金	１７時～１９時
話し方	火・木	１７時～１９時

区分	登録料	月謝
高校生以下・６５歳以上	3,000円	9,500円
一般	3,000円	14,500円

８．表内の「登録料」、「月謝」の数字は、明朝体の半角で入力し、３桁ごとにコンマを付けること。

９．出題内容にあったオブジェクトを用意されたフォルダの中から選び、指示された位置に挿入すること。ただし、適切な大きさで、他の文字や線などにかからないこと。

10．①～⑧の処理を行うこと。

11．右の問題文にない空白行を入れないこと。

ゴ

①フォントサイズは２４ポイントで、センタリングする。

カルチャースクールのご案内

　南区民センター２階の多目的ホールにて、今年度もカルチャースクールを開校します。各種のコンテストなどで入賞経験のある講師陣が、初心者から上級者までが満足できるレッスンを行います。

講

レッスン内容 ②文字を線で囲む。

③各項目名は、枠の中で左右にかたよらないようにする。

④枠内で均等割付する。

⑥センタリングする。

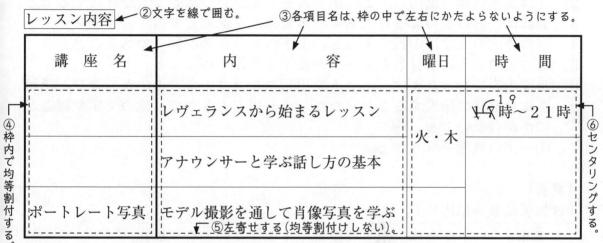

講　座　名	内　　　容	曜日	時　間
	レヴェランスから始まるレッスン	火・木	19時～21時
	アナウンサーと学ぶ話し方の基本		
ポートレート写真	モデル撮影を通して肖像写真を学ぶ		

⑤左寄せする（均等割付けしない）。

■　初回の講座は無料で体験できます。お気軽にご参加ください。

料金表 ②と同じ。

③と同じ。

⑦金額は右寄せする。

④と同じ。

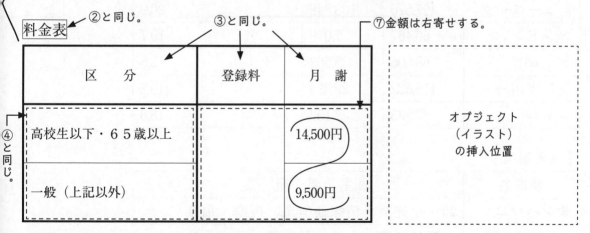

区　分	登録料	月　謝
高校生以下・６５歳以上		14,500円
一般（上記以外）		9,500円

オブジェクト
（イラスト）
の挿入位置

●　お問い合わせ　　電話　０８－１５９２－９９９９

受付担当：杜夛　みく

もりた

⑧ひらがなでルビをふり、右寄せする。

練習問題16[†]

所要時間（　　　分　　　秒）

　次の指示と資料に従い、右のような文書を作成しなさい。なお、余白は上下左右20mm、指定のないフォントは明朝体の全角12ポイントに設定すること。

【指示】
1．右の表に付け加えられている文章などを、校正記号に従って入力すること。
2．「付加価値額（億円）」と「主要産業」をひとつにした表を作成すること。
3．罫線は、右の表のように太実線と細実線とを区別して引くこと。
4．表の枠内の文字は1行で入力し、上下のスペースが同じであること。
5．右の表のように項目名とデータが正しく並んでいること。
6．出題内容に合ったオブジェクトを用意されたフォルダの中から選び、指示された位置に挿入すること。ただし、適切な大きさで、他の文字や線などにかからないこと。
7．①～⑦の処理を行うこと。

【資料】
「付加価値額（億円）」

都市名	全体	主要産業	主要産業の割合（%）
サンパウロ	31,973	5,512	17.2
ニューヨーク	497,576	103,849	20.9
ロンドン	66,467	7,079	10.7
ナイロビ	68,606	8,562	12.5
シンガポール	116,522	22,324	19.2
シドニー	37,983	7,152	18.8

「主要産業」

都市名	主　要　産　業
サンパウロ	卸・小売業、情報通信業、医療・福祉
ニューヨーク	情報通信業、金融・保険業、研究・技術業
ロンドン	研究・技術業、金融・保険業、不動産業
ナイロビ	卸・小売業、情報通信業、建設業
シンガポール	卸・小売業、情報通信業
シドニー	卸・小売業、情報通信業、金融・保険業

大都市の主要産業と付加価値額　←─①フォントサイズは28ポイントとし、センタリングする。

　近年発表された経済統計データをもとに、大都市の主要産業と付加価値額をまとめました。

②各項目名は、枠内で左右にかたよらないようにする。

都市名	主要産業	付加価値額	割合

③左寄せする。　　④右寄せする。

単位　付加価値額：億円　　割合：％

⑤ページレイアウトからページの背景に透かしを入れる。
　ユーザー設定の透かしとしてテキストを編集する。

⑥テキストボックスまたはレイアウト枠などの枠線は細実線とする。

　「卸・小売業」「情報通信業」「金融・保険業」はどの大都市においても主要産業となっています。ニューヨーク、ロンドンでは研究・技術業が主要産業になっているという特徴があります。

オブジェクト（写真）の
挿入位置

資料作成：英　広子　←────⑦上の表の端に合わせて右寄せする。
（はなふさ）

練習問題17†

所要時間（　　　分　　　秒）

　次のⅠ～Ⅳに従い、右のような文書を作成しなさい。なお、余白は上下左右20mm、指定のないフォントは明朝体の全角12ポイントに設定すること。

Ⅰ　標題の挿入
　出題内容に合ったオブジェクトを用意されたフォルダの中から選び、指示された位置に挿入し、センタリングすること。

Ⅱ　表作成
　下の資料A・Bならびに指示を参考に表を作成すること。

資料A

場　　所	特　　　　　徴	見　頃
八甲田連峰	ロープウェイから見渡す壮大な紅葉を満喫	１０月下旬
下鴨神社	世界遺産の神社をつつみ込む色鮮やかな紅葉	１１月下旬
長谷寺	さまざまな色に染まるグラデーションがおすすめ	１１月下旬
大阪城公園	天守閣と紅葉のコラボは外国の観光客にも人気	１１月下旬
高崎山動物園	紅葉がきれいな自然の中でニホンザルに会える	１１月下旬
北野天満宮	展望所から眺める国宝御本殿と紅葉に注目	１２月上旬
明治神宮外苑	イチョウ並木が立ち並ぶ景観美が最高	１２月上旬

資料B

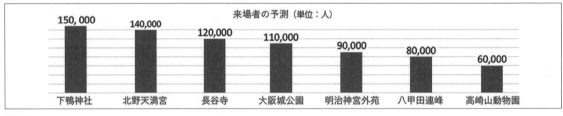

来場者の予測（単位：人）

指示
1．表は、行頭・行末を越えずに作成し、行間は、2.0とすること。
2．罫線は右の表のように太実線と細実線を区別すること。
3．表の枠内の文字は1行で入力し、上下のスペースが同じであること。
4．右の表のように項目名とデータが正しく並んでいること。
5．表内の「来場者数」は、明朝体の半角で入力し、3桁ごとにコンマをつけること。
6．ソート機能を使って、表全体を「来場者数」の多い順に並べ替えること。
7．表の「来場者数」の合計は、計算機能を使って求めること。

Ⅲ　テキスト・イラストの挿入
1．挿入する文章は、用意されたフォルダなどにあるテキストファイルから取得し、校正および編集すること。
2．出題内容に合った写真のオブジェクトを用意されたフォルダの中から選び、指示された位置に挿入すること。

Ⅳ　その他
1．問題文にある校正記号に従うこと。
2．①～⑫の処理を行うこと。
3．右の問題文にない空白行を入れないこと。
4．右の問題文の ┃ a ┃ に当てはまる語句を以下から選択し入力すること。

八甲田連峰　　　下鴨神社　　　長谷寺

オブジェクト(標題)の挿入・センタリング

①一重下線を引く。

弊社では、過去のデータやＳＮＳの動向を分析し、おすすめの紅葉スポットの見頃と来場者数を予測し、次のようにまとめました。1番来場者数が多いと予想されたのは a です。

場　所	特　　　　徴	見　頃	来場者数
	②各項目名は、枠のなかで左右にかたよらないようにする。		
	⑤センタリングする（均等割付けしない）。		
		合　計	

③枠内で均等割付けする。　　④左寄せする（均等割付けしない）。　　⑥右寄せする。

【単位：人】　←　⑦右寄せする。

②取得した文章のフォントの種類は明朝体、サイズは12ポイントとし、3段で均等に段組みをし、境界線を細実線で引き、「紅」を2行の範囲で本文内にドロップキャップする。

各地

紅葉の名所といわれる場所は、全国にたくさんあります。今回は、過去のデータとｓｎｓ等で話題の場所の中から7つに厳選し、おすすめしました。木々が鮮やかな赤や黄色に染まるその様子は、言葉にならない感動をもたらしてくれます。また、ライトアップされている場所もあり、昼とはまた違った表情を楽しむことができます。誰もが皆、その景色には魅了されるはず。ぜひ、今年の秋を楽しみませんか。

テキストファイルの挿入範囲

⑪文字を線で囲み、センタリングする。

紅葉が美しい木
○イロハモミジ
　日本で最もよく見られるモミジの王様。
　本州、四国、九州に広く分布している。
○イチョウ
　鮮やかな黄色に紅葉することで知られている。
　排気ガスなどにも強いため、日本では
　街路樹としても植栽されている。

⑨枠を挿入し、枠線は細実線とする。

⑩枠内のフォントの種類はゴシック体、サイズは12ポイントとし、横書きとする。

オブジェクト（写真）の
挿入位置

資料作成：岡上　仁心　←　⑫明朝体のひらがなでルビをふり、右寄せする。

作成問題 1 †

所要時間（　　　分　　　秒）

祖父から、町内会の役員をしているので、回覧板のひな型を作りたい。コンピュータで文書データを作成してほしいと頼まれた。以下の条件に従って、レイアウトを工夫した文書データを作成しなさい。

祖祖父の依頼

町内会の名称は「南中吉1丁目町内会」

町内にある第一から第六の6つの地区ブロックごとに回覧板を回している。

現状で1地区ブロックに最大14戸の家庭がある。

転入・転出も考慮して確認印・サインの欄は20戸分を作っておいてほしい。

地区ブロック内では回覧の順番は周知されているので、その点の注意事項は必要ない。

以下の文言をどこかに入れて欲しい。

以下のラフを参考に、A4サイズでよい感じに仕上げてほしい。

回覧を受け取ったら、押印またはサインをして速やかに次に回してください。

手渡しできないときはポストなどへの投入は可です。

ポスト投入の場合は、なるべくインターホンなどでお知らせしてください。

回覧に何か問題があれば地区ブロック委員に連絡してください。

回覧

南中吉1丁目町内会
第　　ブロック
　年　月　日

連絡
_____
_____
_____
_____
_____

回覧を受け取ったら〜
手渡しできない〜
ポスト投入の場合〜
回覧に何か問題が〜

確認印またはサイン

← 10マス2行で

作成問題 2[†]

所要時間（　　分　　秒）

　あなたが事務職としては働いている職場の上司から、以下のような指示で文書を作成するように言われました。条件に合った文書データを用途も考慮して作成しなさい。

上司の指示

　今度職場で懇親会をやる。その案内状をA4一枚片面で作成するように。

　出来上がった文書データはモノクロで印刷して、社員に配布する。

　会のタイトルは、「社内懇親会」で、日ごろの疲れを癒し、親睦を深める目的で開催。

　夕食会の立食パーティー形式。会費は一人5000円を当日徴収。

　正装は不要、ラフなスタイルで来てもらうように。

　会場　バーカロ・ニチブン（中野薬師駅前 情報ビル5階）

　日時 4月25日午後6時開宴 受付は午後5時半から

　会の出席者を課ごとに取りまとめて、4/19までに総務課の楠原まで報告してもらう。

　レイアウトは大体こんな感じで。

第3章 表作成

第1節 初級基本問題

初級基本問題 1†

所要時間（　　分　　秒）

次の表は、ある生徒の模擬試験の成績を示したものである。作成条件にしたがって、表とグラフを作成しなさい。

	A	B	C	D	E	F	G
1							
2		模擬試験結果一覧					
3							
4	教科	第1回	第2回	第3回	第4回	第5回	平均点
5	英語	92	85	78	70	85	※
6	数学	74	65	62	65	70	※
7	国語	89	86	90	79	81	※
8	理科	92	86	80	74	77	※
9	社会	78	67	60	50	69	※
10	合計点	※	※	※	※	※	
11	平均点	※	※	※	※	※	

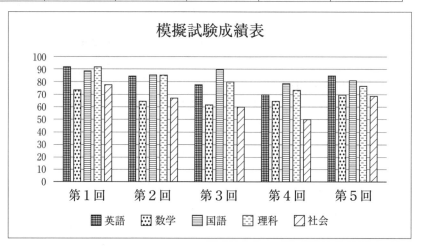

作成条件

1. 表の形式および体裁は上の表を参考にして設定する。
　　設定する書式・表示形式：罫線、列幅、中央揃え、小数の表示桁数
2. ※印の部分は、式や関数などを利用して計算を行い、結果を表示する。
3. 10行目の「合計点」は、各列の合計を求める。
4. 11行目の「平均点」は、各列の平均を求める。ただし、小数第1位まで表示する。
5. G列の「平均点」は、教科別の「第1回」～「第5回」の平均を求める。ただし、小数第1位まで表示する。
6. 集合縦棒グラフは、表よりグラフ化するデータ範囲を指定して作成する。
　　①タイトルを入力（変更）する。

▶▶ 解説

▶ 使用する新しい関数

・**合計**（合計点）
SUM関数・・・指定した範囲の合計値を求める。
　　=SUM（セル番地：セル番地）
$\boxed{\text{B10}}$ =SUM（B5：B9）

・**平均**（平均点）
AVERAGE関数・・・指定した範囲の平均値を求める。
　　=AVERAGE（セル番地：セル番地）
$\boxed{\text{B11}}$ =AVERAGE（B5：B9）
$\boxed{\text{G5}}$ =AVERAGE（B5：F5）

※関数のダイアログボックスを利用した操作
　〔ホーム〕または〔数式〕→〔オートSUM〕のメニューをクリックすると、上の図のようなメニューが表示される。これを利用すると、上のような式の入力を省くことができる。ただし、必要に応じて範囲を選択し直す必要がある。

ホームタブのリボンの一部

▶ 使用する機能

・**中央揃え**
中央揃えを設定したいセルまたは範囲を選択し、〔ホーム〕→ $\boxed{\equiv}$ をクリックする。

・**小数点以下の桁数の変更**
小数点以下の桁数を調節したいセルまたは範囲を選択し、〔ホーム〕→ $\boxed{\substack{\leftarrow 0 \\ .00}\ \substack{.00 \\ \rightarrow 0}}$ を押すと、クリックするごとに小数点以下の表示桁数が調節される。
　※この方法は、見かけ上の設定であり、実際に四捨五入されているわけではない。指定した桁数で端数を四捨五入する場合は、ROUND 関数を使う必要がある（65ページ参照）。

・**罫線**
罫線を引きたいセルを選択し、〔ホーム〕→ $\boxed{⊞ \vee}$ の罫線リストから格子 $\boxed{⊞}$ をクリックする。

・**グラフ作成**（主なポイント）
1）A4〜F9を選択し、〔挿入〕→〔グラフ〕→〔縦棒/横棒グラフの挿入〕→〔集合縦棒〕をクリックする。
2）タイトルの表示・・・「グラフタイトル」の部分に「模擬試験成績表」と入力する。

初級基本問題 2 †

所要時間（　　　分　　　秒）

　次の表は、ある市町村のリサイクル回収量について示したものである。作成条件にしたがって、表とグラフを作成しなさい。

	A	B	C	D	E	F	G	H
1								
2			リサイクル回収量の推移					
3								単位：トン
4	種類	2018年	2020年	2022年	2024年	平均	最大	最小
5	PETボトル	1,785	1,259	1,903	1,999	※	※	※
6	ガラス瓶　無色	525	351	1,719	1,827	※	※	※
7	ガラス瓶　茶色	－	152	844	908	※	※	※
8	ガラス瓶　その他	－	－	925	927	※	※	※
9	プラスチック	4,852	3,512	5,248	5,160	※	※	※
10	年別種目数	※	※	※	※			
11	全種目数	※						

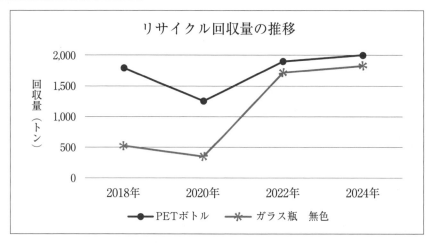

作成条件

1．表の形式および体裁は上の表を参考にして設定する。
　　設定する書式・表示形式：罫線、列幅、中央揃え、3桁ごとのコンマ、小数の表示桁数
2．※印の部分は、式や関数などを利用して計算を行い、結果を表示する。
3．F列の「平均」は、「2018年」から「2024年」までの平均を求める。ただし、小数第1位まで表示する。
4．G列の「最大」は、「2018年」から「2024年」までの最大値を求める。
5．H列の「最小」は、「2018年」から「2024年」までの最小値を求める。
6．10行目の「年別種目数」は、各列の数値が入力されているセルの数を求める。
7．B11の「全種目数」は、A列の種類の数を求める。
8．マーカー付き折れ線グラフは、表よりグラフ化するデータ範囲を指定して作成する。
　　①タイトルを入力（変更）する。
　　②縦軸ラベルを挿入し、方向を設定する。
　　③数値軸の目盛は、最小値（0）、最大値（2,000）、および間隔（500）を設定する。

▶▶ 解説

▶ 使用する新しい関数

・**最大**
　MAX関数・・・指定した範囲の最大値を求める。
　　=MAX（セル番地：セル番地）
　G5 =MAX（B5：E5）

・**最小**
　MIN関数・・・指定した範囲の最小値を求める。
　　=MIN（セル番地：セル番地）
　H5 =MIN（B5：E5）

・**データ件数1**（年別種目数）
　COUNT関数・・・指定した範囲にある数値データの件数を求める。
　　=COUNT（セル番地：セル番地）
　B10 =COUNT（B5：B9）
　※COUNT関数は、文字データを件数に含めないため、見た目は数字でも、
　　右の図のように表示形式が「文字列」になっている場合は、件数に数えられ
　　ないので注意。

・**データ件数2**（全種目数）
　COUNTA関数・・・指定した範囲にあるすべてのデータの件数を求める。
　　=COUNTA（セル番地：セル番地）
　B11 =COUNTA（A5：A9）

▶ 使用する機能

・**コンマの指定**
　コンマをつけたいセルまたは範囲を選択し、〔ホーム〕→ ❼ （桁区切りスタイル）をクリックする。

グラフの要素の追加
　グラフを選択した状態で〔グラフのデザイン〕→〔グラフ要素を追加〕をクリックする。
　その中で、グラフタイトルや軸ラベルなどの必要な要素を選択すると、グラフに追加できる。
　※グラフを選択したときに右上に出てくる 🞦 のマーク（グラフ要素）を利用しても同様で
　　ある。

各要素の書式設定
　編集したい各項目をダブルクリックすると、右側に書式設定のウインドウが表示され、ここ
　を利用することで、詳細設定ができる。
　※各要素を選択した状態で、〔書式〕→〔選択対象の書式設定〕でも同様の詳細設定ができる。

・**グラフ作成**（主なポイント）
　1）A4～E6を選択し、〔挿入〕→〔グラフ〕→〔折れ線〕→〔マーカー付き折れ線〕をクリックする。
　2）軸ラベルの設定…〔軸ラベル〕→〔第1縦軸〕を選択し、「回収量（トン）」と入力する。
　　　　文字の向きは、軸ラベルの書式設定の〔文字列の方向〕を〔縦書き〕に変更する。
　3）数値軸の設定…軸の書式設定の軸のオプションを選択し、以下のように設定する。
　　　　最小値（0）　　　最大値（2,000）　　　目盛（500）

初級基本問題 3†

所要時間（　　　分　　　秒）

　次の表は、ある商店のおにぎりの売り上げについて示したものである。作成条件にしたがって、表とグラフを作成しなさい。

	A	B	C	D	E	F	G
1							
2		1日の売り上げについて					
3							
4	具材	単価	税込価格	午前	午後	売上数	売上金額
5	梅	¥115	※	216	122	※	※
6	かつお	¥120	※	234	121	※	※
7	昆布	¥120	※	225	237	※	※
8	ツナマヨ	¥135	※	210	134	※	※
9	たらこ	¥160	※	156	298	※	※
10	鮭	¥150	※	247	133	※	※
11			合計	※	※	※	※

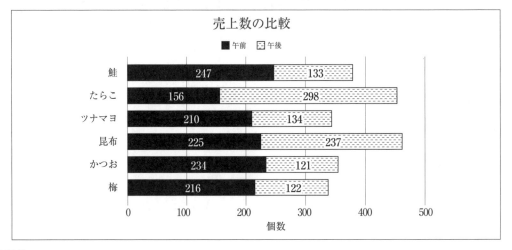

作成条件

1．表の形式および体裁は上の表を参考にして設定する。
　　　設定する書式・表示形式：罫線、列幅、中央揃え、3桁ごとのコンマ、
　　　　　　　　　　　　　　　B列、C列およびG列の¥記号
2．※印の部分は、式や関数などを利用して計算を行い、結果を表示する。
3．C列の「税込価格」は、次の式で求める。ただし、小数第1位を四捨五入し、整数で表示する。
　　　「単価 × 1.1」
4．F列の「売上数」は、次の式で求める。
　　　「午前 ＋ 午後」
5．G列の「売上金額」は、次の式で求める。
　　　「税込価格 × 売上数」
6．11行目の「合計」は、各列の合計を求める。
7．横棒グラフは、表よりグラフ化するデータ範囲を指定して作成する。
　　　①タイトルを入力（変更）する。
　　　②横軸ラベルを挿入する。
　　　③データラベルを設定する。
　　　④凡例の位置を設定する。

 **解説**

▶使用する新しい関数

・四捨五入と桁数指定（税込価格）

ROUND関数・・・数値を四捨五入して、指定した桁数で表示する。

　＝ROUND（数値，指定する桁数）

| C5 | ＝ROUND（B5＊1.1，0）

ROUNDUP関数・・・指定された桁数に切り上げる。
ROUNDDOWN関数・・・指定された桁数に切り捨てる。

・桁数について

「159.178」を、ROUND関数（四捨五入）を用いてそれぞれの桁数で処理した場合の結果

指定する桁数	－ 2	－ 1	0	1	2
四捨五入する対象の位	10の位	1の位	小数第1位	小数第2位	小数第3位
結果	200	160	159	159.2	159.18

▶計算機能

・算術演算子・・・四則演算などの計算に用いる演算子のこと。

演算子	読み方	意味
＋	プラス	たし算
－	マイナス	ひき算
＊	アスタリスク・アステリスク	かけ算
／	スラッシュ	わり算
＾	サーカムフレックス（ハット）	べき乗

・「売上数」

| F5 | ＝D5＋E5

・「売上金額」

| G5 | ＝C5＊F5

▶使用する機能

・¥マークの指定

　¥マークをつけたいセルまたは範囲を選択して、〔ホーム〕→　[通貨]　∨　（通貨表示形式）をクリックする。

・離れた場所（セルまたは範囲）を複数選択する場合、 Ctrl **キーを利用することで一度に選択ができる。**

| A4～A10とD4～E10を選択する場合 |

⇒A4～A10を選択し、 Ctrl キーを長押しした状態でD4～E10を選択する。

・グラフ作成（主なポイント）

1）A4～A10とD4～E10を選択し、〔挿入〕→〔グラフ〕→〔縦棒/横棒グラフの挿入〕→〔積み上げ横棒〕をクリックする。

2）軸ラベルの設定…〔軸ラベル〕→〔第1横軸〕を選択し、「個数」と入力する。

3）凡例の位置の設定…〔凡例〕→〔上〕に変更する。

4）データラベルの設定…〔データラベル〕→〔中央〕を選択する。

初級基本問題 4†

所要時間（　　分　　秒）

次の表は、ある商店のおでんの売り上げについて示したものである。作成条件にしたがって、表とグラフを作成しなさい。

	A	B	C	D	E	F	G	H	I
1									
2	各店舗のおでん売上数								
3									
4	店舗名	だいこん	こんにゃく	たまご	厚揚げ	ちくわ	牛すじ	最大	備考
5	本店	56	123	112	75	129	200	※	※
6	駅前店	135	120	126	150	146	58	※	※
7	公園前店	107	54	133	88	139	188	※	※
8	西店	62	109	115	80	110	151	※	※
9	北店	60	90	104	96	101	143	※	※
10	合計	※	※	※	※	※	※		
11	平均	※	※	※	※	※	※		

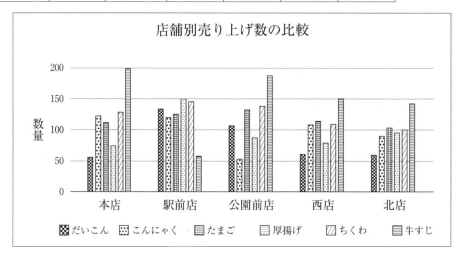

作成条件

1．表の形式および体裁は上の表を参考にして設定する。
　　設定する書式・表示形式：罫線、列幅、中央揃え、小数の表示桁数
2．※印の部分は、式や関数などを利用して計算を行い、結果を表示する。
3．H列の「最大」は、「だいこん」～「牛すじ」までの最大値を求める。
4．I列の「備考」は、「最大」が150より多い場合、「○」を表示し、それ以外は何も表示しない。
5．10行目の「合計」は、各列の合計を求める。
6．11行目の「平均」は、各列の平均を求める。ただし、小数第1位まで表示する。
7．集合縦棒グラフは、表よりグラフ化するデータ範囲を指定して作成する。
　　①タイトルを入力（変更）する
　　②縦軸ラベルを挿入し、方向を設定する。
　　③数値軸の目盛は、最小値（0）、最大値（200）、および間隔（50）を設定する。

▶▶ 解説

▶ 使用する新しい関数

・条件（備考）

　IF関数・・・条件を判定し、条件を満たしていれば「真」を、そうでなければ「偽」を表示する。

　　=IF（論理式, 真の場合, 偽の場合）

　　| I5 | =IF（H5>150, "○", ""）

　条件文：I列の「備考」は、「最大」が150より多い場合、○を表示し、それ以外は何も表示しない。
　　　　　　　　　　　　　論理式　　　　　　真の場合　　　　　　　　偽の場合

　※関数のダイアログボックスを利用した操作

　　左下の図のように、〔数式〕→〔論理〕→〔IF〕と選択すると、下の図のようなダイアログボックスが表示される。それに従って、条件を入力することもできる。

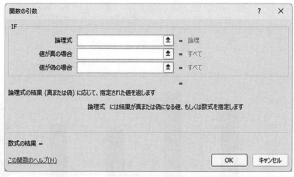

今回の入力例

論理式	H5>150
真の場合	"○"
偽の場合	""

▶ 比較演算子

比較演算子	意　　味	使　用　例	
>	より大きい	H5>150	（H5が150より大きい）
<	より小さい、未満	H5<150	（H5が150より小さい）
>=	以上	H5>=150	（H5が150以上）
<=	以下	H5<=150	（H5が150以下）
=	等しい	H5=150	（H5が150と等しい）
<>	等しくない	H5<>150	（H5が150と等しくない）

・グラフ作成（主なポイント）

1）A4～G9 を選択し、〔挿入〕→〔グラフ〕→〔縦棒/横棒グラフの挿入〕→〔集合縦棒〕をクリックする。

2）行列の切り替え…グラフツールの中の〔グラフのデザイン〕→〔行／列の切り替え〕をクリックする。

3）タイトルの変更…「グラフタイトル」の部分に「店舗別売り上げ数の比較」と入力する。

4）軸ラベルの設定…〔軸ラベル〕→〔第1縦軸〕を選択し、「数量」と入力する。

　　文字の向きは、軸ラベルの書式設定で〔文字列の方向〕を〔縦書き〕に変更する。

初級基本問題 5 †

所要時間（　　分　　秒）

次の表は、ある観光地におけるレジャー施設の1週間の入場者数について示したものである。作成条件にしたがって、表とグラフを作成しなさい。

	A	B	C	D	E	F	G	H	I	J	K
1											
2		1週間の入場者数の集計表									
3											
4	施設	月	火	水	木	金	土	日	週合計	構成比	順位
5	温泉施設	180	275	303	296	214	450	592	※	※	※
6	動物園	276	278	303	305	243	690	610	※	※	※
7	水族館	187	91	301	266	115	468	532	※	※	※
8	BBQ	337	112	82	116	342	843	232	※	※	※
9	アスレチック	264	198	239	270	94	660	540	※	※	※
10	合計	※	※	※	※	※	※	※	※		

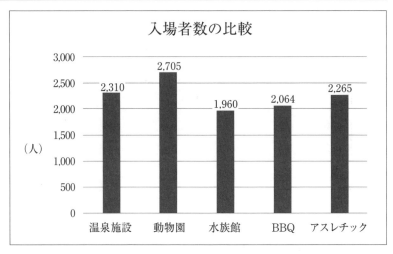

作成条件
1．形式および体裁は上の表を参考にして設定する。
　　設定する書式：罫線、列幅、中央揃え、3桁ごとのコンマ、％、小数の表示桁数
2．※印の部分は、式や関数などを利用して計算を行い、結果を表示する。
3．I列の「週合計」は、「月」〜「日」までの合計を求める。
4．10行目の「合計」は、各列の合計を求める。
5．J列の「構成比」は、次の式で求める。ただし、％表示で小数第1位まで表示する。
　　　「週合計 ÷ 週合計の合計」
6．K列の「順位」は、「週合計」を基準として、降順（大きい順）に順位をつける。
7．集合縦棒グラフは、表よりグラフ化するデータ範囲を指定して作成する。
　　①タイトルを入力（変更）する
　　②縦軸ラベルを挿入し、方向を設定する。
　　③データラベルを設定する。

解説

使用する新しい機能

・セル番地の絶対参照（構成比）

計算式をコピーしても、セル番地がずれず固定できる機能がある。これを「絶対参照」という。

> J列の「構成比」・・・「週合計÷週合計の合計」で求める。

J5に入力する式は「＝I5/I10」であるが、この計算式を、オートフィル機能を使って、J6
～J9 にコピーした場合、「#DIV/0!」とエラーが表示される。これは、０または空白のセル
を参照したときに表示されるエラーである。

エラーの原因は、J5 に入力した＝I5/I10 の式を下方向にコピーした場合、
右のように数式が自動で調整され、わられる数、わる数ともにセル番地が
１行ずつずれていることにある。J列の「構成比」のわる数は、常にセル
I10（週合計の合計）でなければならない。

⇒そこで、「絶対参照」機能を利用して、I10 を固定する必要がある。

J5	＝I5/I10
J6	＝I6/I11
J7	＝I7/I12
J8	＝I8/I13
J9	＝I9/I14

J5 ＝I5/$I$10 ←I10のセルをクリックしたあと、F4 キーを１回押す。

※ F4 キーを１回押すごとに以下のように変化する。

$$I10 \rightarrow \$I\$10 \rightarrow I\$10 \rightarrow \$I10$$

列、行を固定　　行を固定　　列を固定

・順位づけ（順位）

RANK関数・・・数値が範囲の中で何番目に大きいか（小さいか）順位をつける。
　＝RANK（数値, 参照, 順序）

K5 ＝RANK（I5, $I$5：$I$9, 0）　または ＝RANK.EQ（I5, $I$5：$I$9, 0）
　　　　順序は、降順（大きい順）→ 0
　　　　　　　　昇順（小さい順）→ 1

ダイアログボックスを利用した場合

数値	I5
参照	$I$5：$I$9
順序	0

※検索範囲はコピーしたときにずれないように、絶対指定する。
※Excel2010 以降では、RANK.EQ 関数とRANK.AVG 関数がある。
　RANKとRANK.EQ は同じである。

・グラフ作成（主なポイント）

１）A4～A9 とI4～I9 を選択し、〔挿入〕→〔グラフ〕→〔縦棒/横棒グラフの挿入〕→〔集合
縦棒〕をクリックする。

２）軸ラベルの設定…〔軸ラベル〕→〔第１縦軸〕を選択し、「（人）」と入力する。
　　　文字の向きは、軸ラベルの書式設定で〔文字列の方向〕を〔横書き〕に変更する。

３）データラベルの設定…〔データラベル〕→〔外側〕を選択する。

初級基本問題 6†

次の表は、ある書店の種類別売上数の推移について示したものである。作成条件にしたがって、表とグラフを作成しなさい。

	A	B	C	D	E	F
1						
2	売上推移報告書					
3					提出日：	※
4	種類	2021年	2022年	2023年	2024年	増減率（%）
5	文芸書	2,928	2,040	2,498	2,941	※
6	文庫	1,524	1,976	2,247	1,643	※
7	ライトノベル	2,610	2,975	3,012	2,516	※
8	児童書	942	1,296	1,512	1,671	※
9	学習参考書	1,460	1,754	1,351	1,512	※
10	その他	100	158	567	341	※
11	合計	※	※	※	※	
12	文庫の割合（%）	※	※	※	※	

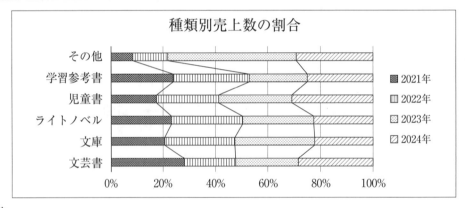

種類別売上数の割合

作成条件

1．表の形式および体裁は上の表を参考にして設定する。

　　設定する書式・表示形式：罫線、列幅、中央揃え、3桁ごとのコンマ、小数の表示桁数

2．※印の部分は、式や関数などを利用して計算を行い、結果を表示する。

3．F列の「増減率（%）」は、次の式で求める。ただし、小数第1位未満を四捨五入し、小数第1位まで表示する。

　　「（2024年 － 2023年）÷ 2023年 × 100」

4．11行目の「合計」は、各列の合計を求める。

5．12行目の「文庫の割合（%）」は、次の式で求める。ただし、小数第1位未満を四捨五入し、小数第1位まで表示する。

　　「文庫 ÷ 合計 × 100」

6．F3の「提出日」は、関数を利用し、本日の日付を表示する。

7．100%積み上げ横棒グラフは、表よりグラフ化するデータ範囲を指定して作成する。

　　①タイトルを入力（変更）する

　　②凡例の位置を設定する。

　　③区分線を設定する。

▶▶ 解説

▶使用する新しい関数

・日付の関数
　TODAY関数・・・現在の日付のシリアル値を求める。
　$\boxed{\text{F3}}$ =TODAY（ ）

　NOW関数・・・現在の日付と時刻のシリアル値を求める。
　　=NOW（ ）

　※（ ）の中には、何も入力しない。

・グラフ作成（主なポイント）
　1）A4〜E10 を選択し、〔挿入〕→〔グラフ〕→〔縦棒/横棒グラフの挿入〕→〔100％積み上げ
　　　横棒〕をクリックする。
　2）タイトルの変更・・・〔グラフタイトル〕の部分に「種類別売上数の割合」と入力する。
　3）凡例の位置の設定・・・〔凡例〕→〔右〕を選択する。
　4）区分線の設定・・・〔グラフのデザイン〕→〔グラフ要素を追加〕→〔線〕→〔区分線〕を選
　　　択する。

　　※区分線の設定項目は、グラフを選択したときに出てくる右上の $\boxed{+}$ の中にはないため、
　　　〔グラフのデザイン〕の中から、上記の手順で設定する必要がある。

エラーについて

・#####となる場合の修正方法
列の幅がせまく、セルのすべての内容を表示するのに十分でない場合に、セルに####と表示
されることがある。そのときは、右の図のように、列番号の間にカーソルを合わせ、列幅を広
げるとよい。

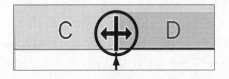

第2節 初級練習問題

初級練習問題 1†

所要時間（　　　分　　　秒）

　次の表は、ある生徒の実力判定テストの成績を示したものである。作成条件にしたがって、表とグラフを作成しなさい。

	A	B	C	D	E	F	G	H
1								
2		実力判定テストの結果一覧						
3								
4	科目	4月	7月	9月	11月	2月	平均点	評価
5	英語リーディング	59	99	68	70	77	※	※
6	英語リスニング	93	88	76	78	90	※	※
7	国語	51	87	63	45	65	※	※
8	数学	61	64	65	60	71	※	※
9	理科	91	89	81	73	85	※	※
10	社会	80	96	97	92	85	※	※
11	英・国・数	※	※	※	※	※		
12	合計点	※	※	※	※	※		
13	最高点	※	※	※	※	※		

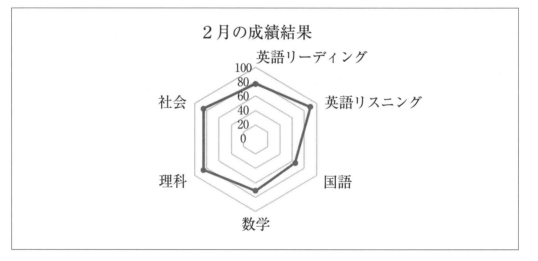

作成条件

1．表の形式および体裁は上の表を参考にして設定する。

　　設定する書式・表示形式：罫線、列幅、中央揃え、小数の表示桁数

2．※印の部分は、式や関数などを利用して計算を行い、結果を表示する。

3．11行目の「英・国・数」は、次の式で求める。

　　　「英語リーディング ＋ 英語リスニング ＋ 国語 ＋ 数学」

4．12行目の「合計点」は、各列の合計を求める。

5．13行目の「最高点」は、各列の最大値を求める。

6．G列の「平均点」は、科目別の「4月」〜「2月」の平均を求める。ただし、小数第1位未満を四捨五入し、小数第1位まで表示する。

7．H列の「評価」は、「平均点」が85以上の場合、「○」を表示し、それ以外は何も表示しない。

8．レーダーチャートは、表よりグラフ化するデータ範囲を指定し、上記のように作成する。

初級練習問題 2[†]

所要時間（　　分　　秒）

次の表は、あるパン屋の売り上げについて示したものである。作成条件にしたがって、表とグラフを作成しなさい。

	A	B	C	D	E	F	G	H	I	J
1										
2		パン販売一覧表								
3										
4	種類	価格	割引価格	朝	昼	閉店前	売上数	売上金額	順位	廃棄
5	メロンパン	¥150	※	150	108	32	※	※	※	※
6	クリームパン	¥120	※	144	120	36	※	※	※	※
7	塩パン	¥100	※	100	135	56	※	※	※	※
8	フランスパン	¥350	※	88	146	40	※	※	※	※
9	食パン	¥500	※	95	81	120	※	※	※	※
10			合計	※	※	※	※	※		
11	種類数									
12	※									

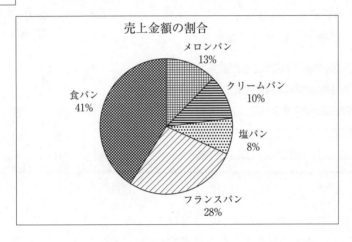

売上金額の割合

メロンパン 13%
クリームパン 10%
塩パン 8%
フランスパン 28%
食パン 41%

作成条件

1．表の形式および体裁は上の表を参考にして設定する。
　　設定する書式・表示形式：罫線、列幅、中央揃え、B列、C列およびH列の¥記号、
　　　　　　　　　　　　　　3桁ごとのコンマ

2．※印の部分は、式や関数などを利用して計算を行い、結果を表示する。

3．C列の「割引価格」は、次の式で求める。ただし、小数第1位を四捨五入し、整数で表示する。
　　「価格 × 0.8」

4．G列の「売上数」は、次の式で求める。
　　「朝 ＋ 昼 ＋ 閉店前」

5．H列の「売上金額」は、次の式で求める。
　　「価格 × （朝 ＋ 昼）＋ 割引価格 × 閉店前」

6．10行目の「合計」は、各列の合計を求める。

7．I列の「順位」は、「売上金額」を基準として、降順（大きい順）に順位をつける。

8．J列の「廃棄」は、次の式で求める。
　　「300 － 売上数」

9．A12の「種類数」は、A列のパンの種類の件数を求める。

10．円グラフは、表よりグラフ化するデータ範囲を指定して作成する。

初級練習問題 3 †

所要時間（　　分　　秒）

　次の表は、生活習慣に関するアンケートの一部を示したものである。作成条件にしたがって、表とグラフを作成しなさい。

	A	B	C	D	E	F	G
1							
2	世代別生活習慣アンケート（朝食について）						
3						報告日：	※
4		20代	30代	40代	50代	60代以上	20代の割合
5	毎日	48	75	121	165	175	※
6	週5〜6日	55	71	54	25	10	※
7	週3〜4日	52	38	10	3	10	※
8	週1〜2日	32	5	8	5	5	※
9	食べない	13	11	7	2	0	※
10	合計	※	※	※	※	※	

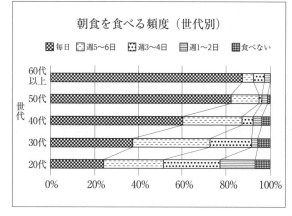

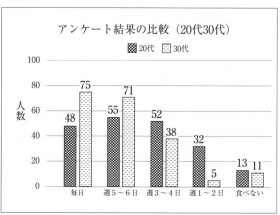

作成条件

1. 表の形式および体裁は上の表を参考にして設定する。
    設定する書式・表示形式：罫線、列幅、中央揃え、％、小数の表示桁数
2. ※印の部分は、式や関数などを利用して計算を行い、結果を表示する。
3. G3の「報告日」は、関数を利用し、本日の日付を表示する。
4. 10行目の「合計」は、各列の合計を求める。
5. G列の「20代の割合」は、次の式を参考に求める。ただし、小数第3位未満を四捨五入し、％で小数第1位まで表示する。
    「20代の毎日 ÷ 20代の合計」
6. 100％積み上げ横棒グラフは、表よりグラフ化するデータ範囲を指定し、上記のように作成する。
7. 集合縦棒グラフは、表よりグラフ化するデータ範囲を指定し、上記のように作成する。

初級練習問題 4[†]

所要時間（　　分　　秒）

　次の表は、陸上競技大会の結果の一部を示したものである。作成条件にしたがって、表とグラフを作成しなさい。

	A	B	C	D	E	F	G	H	I	J	K
1											
2		三段跳　記録会　結果表									
3									単位：m		
4	番号	出場者	ベスト	1回目	2回目	3回目	4回目	5回目	結果	順位	備考
5	1	田中　由紀	10.46	9.01	10.44	9.03	9.98	9.05	※	※	※
6	2	山下　千咲	11.29	9.38	11.3	11.1	×	11.59	※	※	※
7	3	大島　佳代	12.01	12.26	12.1	×	11.2	12.6	※	※	※
8	4	石田　涼子	12.11	×	11.16	9.27	12.08	12.12	※	※	※
9	5	佐藤　理沙	12.14	12.14	10.21	10.11	×	11.93	※	※	※
10	6	上田　理子	12.21	9.92	11.13	11.57	11.6	11.29	※	※	※
11	7	山本　優香	12.96	×	9.54	9.23	11.94	×	※	※	※
12	出場者数	※	失格者数	※	※	※	※	※			

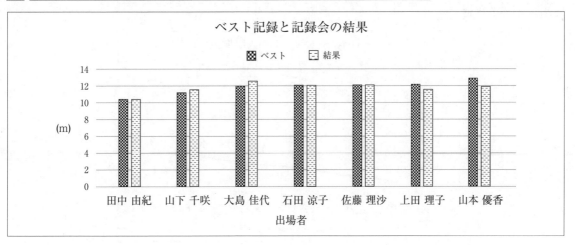

作成条件

1．表の形式および体裁は上の表を参考にして設定する。
　　設定する書式・表示形式：罫線、列幅、中央揃え
2．※印の部分は、式や関数などを利用して計算を行い、結果を表示する。
3．B12の「出場者数」は、B列に入力されている出場者の件数を求める。
4．12行目の「失格者数」は、各列の×の数のことであり、次の式を参考に求める。
　　　「B12の出場者数 － 各列に数値が入力されているセルの数」
5．I列の「結果」は、「1回目」〜「5回目」の最大値を求める。
6．J列の「順位」は、「結果」を基準に降順に順位を求める。
7．K列の「備考」は、「結果」が「ベスト」よりも数値が大きい場合、「SB」を表示し、それ以外は何も表示しない。
8．集合縦棒グラフは、表よりグラフ化するデータ範囲を指定し、上記のように作成する。

初級練習問題 5 †

所要時間（　　分　　秒）

次の表は、世界の人口の推移について示したものである。作成条件にしたがって、表とグラフを作成しなさい。

	A	B	C	D	E	F	G	H	I
1									
2		世界の人口　これまでの推移と今後の予測							
3									単位：百万人
4		1960年	1980年	2000年	2010年	2020年	2030年	平均	伸び率
5	日本	93	117	127	128	126	116	※	※
6	アジア	1,700	2,638	3,714	4,170	4,664	4,959	※	※
7	北アメリカ	194	254	314	344	374	393	※	※
8	南アメリカ	220	362	527	600	652	698	※	※
9	ヨーロッパ	606	693	726	735	746	737	※	※
10	アフリカ	284	483	814	1,044	1,361	1,711	※	※
11	オセアニア	16	23	31	36	44	49	※	※
12	合計	※	※	※	※	※	※		
13	日本の割合	※	※	※	※	※	※		

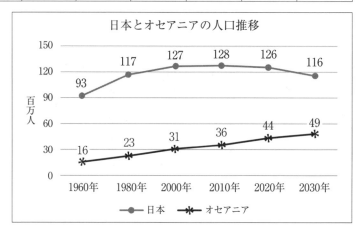

作成条件

1. 表の形式および体裁は上の表を参考にして設定する。
   　設定する書式・表示形式：罫線、列幅、中央揃え、3桁ごとのコンマ、％、小数の表示桁数
2. ※印の部分は、式や関数などを利用して計算を行い、結果を表示する。
3. H列の「平均」は、「1960年」～「2030年」の平均を求める。ただし、小数第1位まで表示する。
4. I列の「伸び率」は、次の式で求める。ただし、小数第3位未満を四捨五入し、％で小数第1位まで表示する。
   　「2030年 ÷ 2020年 － 1」
5. 12行目の「合計」は、「アジア」～「オセアニア」までの合計を求める。
6. 13行目の「日本の割合」は、次の式で求める。ただし、小数第3位未満を四捨五入し、％で小数第1位まで表示する。
   　「日本 ÷ 合計」
7. マーカー付き折れ線グラフは、表よりグラフ化するデータ範囲を指定し、上記のように作成する。

初級練習問題 6 †

　次の表は、ある大学の推薦入試の結果について示したものである。作成条件にしたがって、表とグラフを作成しなさい。

	A	B	C	D	E	F	G	H	I
1									
2		推薦入試結果一覧							
3								合格基準点	300
4	名前	資格取得	英語	国語	社会	面接	試験合計点	合計点	合否
5	朝日　真弓		58	81	83	70	※	※	※
6	奥村　敏彦	○	98	92	86	75	※	※	※
7	小松　博文		60	59	49	78	※	※	※
8	高野　麻美	○	89	86	91	95	※	※	※
9	田中　邦博		49	94	68	81	※	※	※
10	山本　拓也	○	83	76	81	68	※	※	※
11		平均点	※	※	※	※	※	※	
12		最高点	※	※	※	※	※	※	

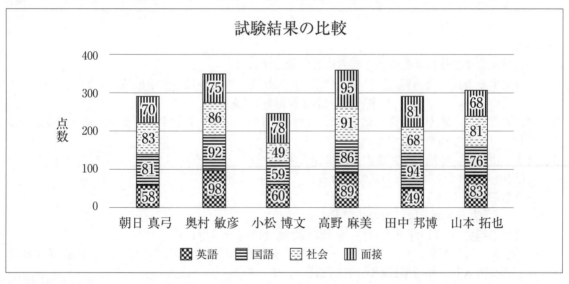

作成条件

1．表の形式および体裁は上の表を参考にして設定する。
　　　設定する書式・表示形式：罫線、列幅、中央揃え、小数の表示桁数
2．※印の部分は、式や関数などを利用して計算を行い、結果を表示する。
3．G列の「試験合計点」は、「英語」〜「面接」の合計を求める。
4．H列の「合計点」は、「資格取得」が○と等しければ、「試験合計点」に10を加え、それ以外は「試験合計点」を表示する。
　　H5の設定例：B5が○と等しければ、G5の値に10を加え、それ以外はG5の値を表示する。
5．I列の「合否」は、「合計点」がI3の「合格基準点」より大きければ、「合格」を表示し、それ以外は「不合格」と表示する。
6．11行目の「平均点」は、各列の平均を求める。ただし、小数第1位まで表示する。
7．12行目の「最高点」は、各列の最大値を求める。
8．積み上げ縦棒グラフは、表よりグラフ化するデータ範囲を指定し、上記のように作成する。

初級練習問題 7†

所要時間（　　分　　秒）

　次の資料は、ある市の宿泊施設の売り上げについて示したものである。作成条件にしたがって、右ページの表とグラフを作成しなさい。

資料

宿泊料金	
施設名	宿泊料金
ホテルニュータワー	12,000円
日文ホテル	9,800円
ターミナル北館	6,500円
富山旅館	12,000円
民宿まうす	7,500円
丘の上古民家（1棟貸）	70,000円
森とともに（1棟貸）	52,000円
貸別荘きらら（1棟貸）	26,000円

宿泊者数について（単位：人数　1棟のみ：組数）				
施設名	10月	11月	12月	1月
ホテルニュータワー	54	31	32	127
日文ホテル	77	64	175	132
ターミナル北館	167	181	71	81
富山旅館	27	12	120	137
民宿まうす	35	25	81	98
丘の上古民家（1棟貸）	10	12	20	18
森とともに（1棟貸）	15	16	12	11
貸別荘きらら（1棟貸）	8	6	15	21

作成条件

1．表の形式および体裁は右の表を参考にして設定する。
　　　設定する書式・表示形式：罫線、列幅、中央揃え、％、小数の表示桁数、
　　　　　　　　　　　　　　B列、C列およびH列の¥記号
2．※印の部分は、式や関数などを利用して計算を行い、結果を表示する。また、※※印の部分は、資料より必要な値を入力する。
3．「1．ホテル、旅館」は、次のように作成する。
　(1)　C列の「新料金」は、次の式で求める。
　　　「宿泊料金 × 1.1」
　(2)　H列の「売上金額」は、次の式で求める。
　　　「宿泊料金 ×（10月 ＋ 11月）＋ 新料金 ×（12月 ＋ 1月）」
　(3)　I列の「平均者数」は、「10月」〜「1月」までの平均を求める。ただし、小数第1位未満を四捨五入し、小数第1位まで表示する。
　(4)　11行目の「合計」は、各列の合計を求める。
　(5)　12行目の「最大」は、各列の最大値を求める。
　(6)　13行目の「最小」は、各列の最小値を求める。
　(7)　14行目の「前月比」は、次の式で求める。ただし、％で小数第1位まで表示する。
　　　「当該月の合計 ÷ 前月の合計」
　(8)　折れ線グラフは、表よりグラフ化する範囲を指定して右ページのように作成する。
4．「2．1棟貸宿泊施設」について
　(1)　C列の「新料金」は、次の式で求める。
　　　「宿泊料金 × 1.2」
　(2)　H列の「売上金額」は、次の式で求める。
　　　「宿泊料金 ×（10月 ＋ 11月 ）＋ 新料金 ×（12月 ＋ 1月 ）」
　(3)　37行目の「合計」は、各列の合計を求める。
　(4)　円グラフは、表よりグラフ化する範囲を指定して右ページのように作成する。

	A	B	C	D	E	F	G	H	I
1									
2			宿泊施設売上一覧表						
3									
4	1．ホテル、旅館						（人数）		
5	施設名	宿泊料金	新料金	10月	11月	12月	1月	売上金額	平均者数
6	ホテルニュータワー	¥12,000	※	54	31	32	127	※	※
7	日文ホテル	※※	※	※※	※※	※※	※※	※	※
8	ターミナル北館	※※	※	※※	※※	※※	※※	※	※
9	富山旅館	※※	※	※※	※※	※※	※※	※	※
10	旅館まうす	¥7,500	※	35	25	81	98	※	※
11			合計	※	※	※	※	※	
12			最大	※	※	※	※		
13			最小	※	※	※	※		
14			前月比	－	※	※	※		

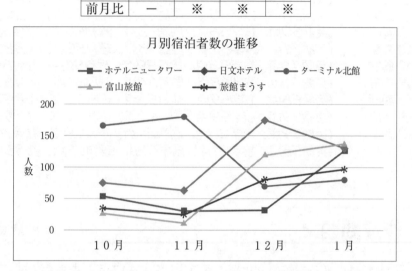

	A	B	C	D	E	F	G
32	2．1棟貸宿泊施設					（組数）	
33	施設名	宿泊料金	新料金	10月	11月	12月	1月	売上金額
34	丘の上古民家	¥70,000	※	10	12	20	18	※
35	森とともに	※※	※	※※	※※	※※	11	※
36	貸別荘きらら	※※	※	※※	※※	※※	21	※
37			合計	※	※	※	※	※

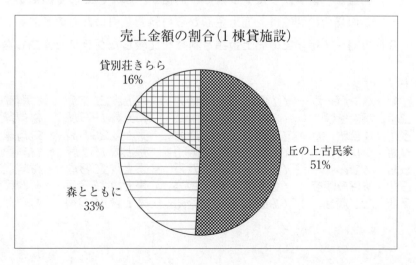

作成問題 1

所要時間（　　分　　秒）

　下の資料は、あるクラス（全員で10人）の中間テストの成績を示したものです。これらの資料を表計算ソフトウェアで整理し、次の各問いに答えなさい。

（1）「5教科合計」が一番高いのは誰か。また、その点数は何点か。

（2）クラス平均が一番高い教科は、どの教科で何点か。

（3）「鈴木さん」の各教科のバランスがわかるグラフを作成しなさい。

＜成績＞
① 青木	（英語88点、数学95点、国語69点、理科60点、社会84点）
② 石田	（英語34点、数学35点、国語31点、理科30点、社会29点）
③ 岡田	（英語50点、数学66点、国語55点、理科55点、社会36点）
④ 佐藤	（英語71点、数学87点、国語73点、理科89点、社会81点）
⑤ 鈴木	（英語46点、数学38点、国語99点、理科55点、社会89点）
⑥ 中田	（英語51点、数学68点、国語64点、理科61点、社会60点）
⑦ 西岡	（英語58点、数学59点、国語53点、理科51点、社会57点）
⑧ 広田	（英語99点、数学99点、国語99点、理科89点、社会93点）
⑨ 松本	（英語29点、数学20点、国語21点、理科29点、社会39点）
⑩ 若林	（英語53点、数学51点、国語62点、理科55点、社会55点）

作成問題 2

所要時間（　　分　　秒）

　下の資料は、ある学校の文化祭の売り上げについて示したものです。これらの資料を表計算ソフトウェアで整理し、次の各問いに答えなさい。

（1）売上金額が一番多かったクラスは、何組か。また、その金額はいくらか。

（2）利益が一番多かったクラスは、何組か。また、その金額はいくらか。
　　　この場合の利益は、売上金額から材料費を引いたものとする。

（3）1組〜7組までの売上金額と利益を比較したグラフを作成しなさい。

＜売り上げ＞
1組	ハンバーガー	（1個200円で販売	売上数202個	材料費10,000円）
2組	焼きそば	（1個300円で販売	売上数155個	材料費11,500円）
3組	かき氷	（1個100円で販売	売上数298個	材料費10,200円）
4組	クレープ	（1個250円で販売	売上数151個	材料費12,000円）
5組	おでん	（1個350円で販売	売上数108個	材料費25,000円）
6組	お好み焼き	（1個400円で販売	売上数153個	材料費19,000円）
7組	たこ焼き	（1個200円で販売	売上数300個	材料費10,000円）

作成問題 3

所要時間（　　分　　秒）

　下の資料は、ある水泳大会の結果について示したものです。これらの資料を表計算ソフトウェアで整理し、次の各問いに答えなさい。

（1）4種目（バタフライ〜クロール）の合計タイムが一番良かった選手は誰か。また、その記録は何秒か。

（2）平泳ぎの平均タイムは、何秒か（小数第1位未満を四捨五入し小数第1位まで表示）。

（3）4種目（バタフライ〜クロール）の合計タイムが131秒より早かった選手は、誰か。

（4）全選手のクロールのタイムを比較したグラフを作成しなさい。

＜記録＞
大西　武志　（バタフライ31.5秒　背泳ぎ38.4秒　平泳ぎ35.6秒　クロール29.4秒）
神田　一郎　（バタフライ30.9秒　背泳ぎ35.6秒　平泳ぎ35.8秒　クロール28.5秒）
近藤　雄太　（バタフライ32.5秒　背泳ぎ34.7秒　平泳ぎ34.6秒　クロール29.2秒）
坂上　太郎　（バタフライ30.8秒　背泳ぎ35.9秒　平泳ぎ32.6秒　クロール30.5秒）
中林　翔太　（バタフライ31.9秒　背泳ぎ33.7秒　平泳ぎ35.2秒　クロール29.6秒）

作成問題 4

所要時間（　　分　　秒）

　下の資料は、ある街のカレーフェスに出店した際の材料費について示したものです。これらの資料を表計算ソフトウェアで整理し、次の各問いに答えなさい。

（1）材料費は、全部でいくらか。

（2）材料費の予算を50,000円と設定していた場合、残金はいくらか。

（3）各材料費の割合を表すグラフを作成しなさい。

＜材料費＞
豚肉　　　　（1パック250円　21パック購入）
牛肉　　　　（1パック450円　25パック購入）
鶏肉　　　　（1パック130円　15パック購入）
にんじん　　（1袋100円　10袋購入）
じゃがいも　（1袋190円　15袋購入）
たまねぎ　　（1袋190円　12袋購入）
米　　　　　（10kg1袋で4,490円　3袋購入）
カレールー　（1箱220円　20箱購入）
福神漬け　　（1袋198円　9袋購入）

※20以上まとめて購入したものについては、2割引で購入できた。

第3節 中級基本問題

中級基本問題 1†

所要時間（　　分　　秒）

次の表は、市民講座の応募状況について示したものである。作成条件にしたがって、表とグラフを作成しなさい。

	A	B	C	D	E	F	G	H	I	J
1										
2		市民講座集計一覧表								
3										
4	コースコード	コース名	区分	区分名	教室	費用	定員	応募人数	倍率	備考
5	K001-01	料理基本	※	※	※	3,000	30	82	※	※
6	K002-02	郷土料理	※	※	※	3,000	30	15	※	※
7	K003-03	ケーキ作り	※	※	※	3,000	30	42	※	※
8	C004-01	工作	※	※	※	1,500	50	54	※	※
9	C005-02	おりがみ	※	※	※	1,000	50	51	※	※
10	P006-01	検索機能	※	※	※	500	35	15	※	※
11	P007-02	年賀状作成	※	※	※	500	35	70	※	※
12	P008-03	スマホ操作	※	※	※	500	35	30	※	※
13										
14	コード表									
15	区分	区分名	教室							
16	K	料理	調理室							
17	C	工作	Sunルーム							
18	P	コンピュータ	PC室							

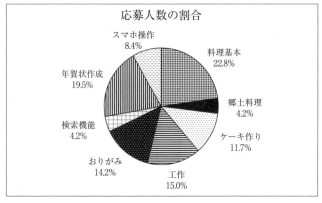

応募人数の割合

スマホ操作 8.4%
年賀状作成 19.5%
検索機能 4.2%
おりがみ 14.2%
工作 15.0%
ケーキ作り 11.7%
郷土料理 4.2%
料理基本 22.8%

作成条件

1. 表の形式および体裁は上の表を参考にして設定する。
   設定する書式・表示形式：罫線、列幅、中央揃え、3桁ごとのコンマ、小数の表示桁数
2. 表の※印部分は、式や関数などを利用して求める。
3. C列の「区分」は、A列の「コースコード」の左端から1文字抽出する。
4. D列の「区分名」、E列の「教室」は、C列の「区分」をもとに、コード表を参照して表示する。
5. I列の「倍率」は、次の式で求める。ただし、小数第1位未満を切り上げ、小数第2位まで表示する。
   「**応募人数 ÷ 定員**」
6. J列の「備考」は、I列の「倍率」が2以上の場合は「講座追加」を、1以上2未満の場合は「抽選」を、それ以外は「○」を表示する。
7. 円グラフは、表よりグラフ化する範囲を指定し、上記のように作成する。

▶▶ 解説

▶ 使用する新しい関数

- **文字の抽出**（区分）
  LEFT関数・・・文字列の左端から指定した文字数のデータを抽出する。
    =LEFT（文字列，文字数）
  C5 =LEFT（A5,1）

  RIGHT関数・・・文字列の右端から指定した文字数のデータを抽出する。
    =RIGHT（文字列，文字数）
  MID関数・・・文字列の開始位置から右へ指定した文字数のデータを抽出する。
    =MID（文字列，開始位置，文字数）

- **列の検索**（区分名、教室）
  VLOOKUP関数（完全一致）・・・範囲内の左端の列のデータを縦方向に検索し、検索値と一致した場合は列番号のデータを表示する。検索方法は、完全一致（FALSEまたは0）か、近似一致（TRUEまたは1）を指定できる。
  ※完全一致の場合、一致するデータがなければ#N/A（エラー値）が表示される。
  ※検索方法を省略した場合は、近似一致となる。
    =VLOOKUP（検索値，範囲，列番号，検索方法）
  D5 =VLOOKUP（C5, $A$16：$C$18, 2, FALSE）※検索範囲は、A16〜B18と指定してもよい。
  ⇒検索値（C5）を範囲の左端（A16〜A18）の上から順に検索し、一致した行の左から2列目（区分名）を表示する。
    ※範囲はコピーしたときにずれないように、<u>絶対指定</u>する。

  ダイアログボックスを利用した場合

検索値	C5
範囲	$A$16：$C$18
列番号	2
検索方法	FALSE

  E5 =VLOOKUP（C5, $A$16：$C$18, 3, FALSE）

- **IF関数のネスト**（備考）
  J5 =IF（I5>=2, "講座追加", IF（I5>=1, "抽選", "○"））
  　　　　条件1　　真1　　　条件2　　真2　偽

  ⇒条件1・・・倍率が2以上（I5>=2）を満たすとき、真1（講座追加）を表示する。
  　　　　　　　　　　満たさないとき、条件2を判定する。
  　条件2・・・倍率が1以上（I5>=1）を満たすとき、真2（抽選）を表示する。
  　　　　　　　　　　満たさないとき、偽（○）を表示する。

中級基本問題 2 †

所要時間（　　分　　秒）

この表は、ある学校の推薦入試の結果を示したものである。作成条件にしたがって、表とグラフを作成しなさい。

	A	B	C	D	E	F	G	H
1								
2		推薦入試　結果一覧						
3								
4	受験番号	受験コード	氏名	コース名	筆記試験	実技試験	合計	判定
5	1001AR	※	岩本　真理子	※	62	58	※	※
6	1003AR	※	桑原　哲郎	※	66	97	※	※
7	1004CH	※	鈴木　裕子	※	51	92	※	※
8	1005SP	※	藤原　幸子	※	65	64	※	※
9	1006SP	※	本田　次郎	※	68	98	※	※
10	1007AR	※	山下　純子	※	94	91	※	※
11	1008SP	※	山本　太一	※	67	49	※	※
12	1009CH	※	渡辺　真央	※	78	78	※	※
13								
14	コード表、結果集計							
15	受験コード	AR	CH	SP				
16	コース名	芸術コース	保育コース	スポーツコース				
17	筆記平均	※	※	※				
18	実技平均	※	※	※				
19	受験者数	※	※	※				

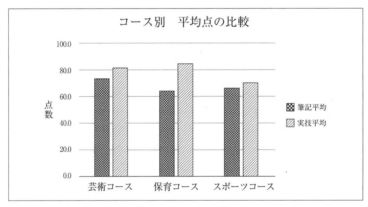

作成条件

1．表の形式および体裁は上の表を参考にして設定する。
　　設定する書式・表示形式：罫線、列幅、中央揃え、小数の表示桁数
2．表の※印部分は、式や関数などを利用して求める。
3．B列の「受験コード」は、A列の「受験番号」の右端から2文字抽出する。
4．D列の「コース名」は、B列の「受験コード」をもとに、コード表を参照して求める。
5．G列の「合計」は、次の式で求める。
　　　「筆記試験 ＋ 実技試験 × 2」
6．H列の「判定」は、E列の「筆記試験」が65以上で、かつG列の「合計」が200以上のとき、「合格」を表示し、それ以外は何も表示しない。
7．B17～D17の「筆記平均」は、コースごとの「筆記試験」の平均を求める。ただし、小数第1位まで表示する。
8．B18～D18の「実技平均」は、コースごとの「実技試験」の平均を求める。ただし、小数第1位まで表示する。
9．B19～D19の「受験者数」は、コースごとに受験者の件数を求める。
10．棒グラフは、表よりグラフ化する範囲を指定し、上記のように作成する。

▶▶ 解説

▶ 使用する新しい関数

・**文字の抽出**（受験コード）※RIGHT関数の説明は、中級基本問題1の解説を参照。

$\boxed{\text{B5}}$ =RIGHT（A5, 2）

・**行の検索**（コース名）※詳細は、中級基本問題1のVLOOKUP関数の解説を参照。

HLOOKUP関数（完全一致）・・・範囲の上端の行のデータを横方向に検索し、検索値と一致した場合は行番号のデータを参照する。

=HLOOKUP（検索値, 範囲, 行番号, 検索方法）

ダイアログボックスを利用した場合

検索値	B5
範囲	$B$15：$D$16
行番号	2
検索方法	FALSE

$\boxed{\text{D5}}$ =HLOOKUP（B5, $B$15：$D$16, 2, FALSE）

⇒検索値（B5）を範囲の1行目（B15〜D15）の左から順番に検索し、一致した列の上から2行目（コース名）を表示する。

・**複合条件**（判定）

IF関数・・・条件に論理演算子（AND, OR, NOT）を用いることで、複数の条件を判定することができる。

=IF（<u>AND</u>（論理式1, 論理式2）, 真の場合, 偽の場合）
　　　かつ

<論理演算子>

AND	かつ
OR	または
NOT	満たさない

=IF（OR（論理式1, 論理式2）, 真の場合, 偽の場合）
=IF（NOT（論理式）, 真の場合, 偽の場合）

$\boxed{\text{H5}}$ =IF（AND（E5>=65, G5>=200）, "合格", " "）

⇒筆記試験が65以上（論理式1）かつ合計が200以上（論理式2）を満たすとき、「合格」を表示し、それ以外は何も表示しない。

・**条件付き平均**（コースごとの筆記試験、実技試験の平均）

AVERAGEIFS関数・・・範囲の中から条件に一致するデータを検索し、平均を求める。

=AVERAGEIFS（平均範囲, 条件範囲1, 条件1, [条件範囲2, 条件2], ...）

$\boxed{\text{B17}}$ =AVERAGEIFS（$E$5：$E$12, $D$5：$D$12, B16）

⇒D5〜D12の範囲の中からB16（芸術コース）に一致するデータを検索し、その行の筆記試験の平均を求める。

$\boxed{\text{B18}}$ =AVERAGEIFS（$F$5：$F$12, $D$5：$D$12, B16）

・**条件付きカウント**（受験者数）

COUNTIFS関数・・・範囲の中から条件に一致するデータの件数を求める。

=COUNTIFS（条件範囲1, 検索条件1, [条件範囲2, 検索条件2], ...）

$\boxed{\text{B19}}$ =COUNTIFS（$D$5：$D$12, B16）

⇒D5〜D12の範囲の中からB16（芸術コース）に一致するデータを検索し、その件数を求める。

中級基本問題 3†

所要時間（　　　分　　　秒）

次の表は、ある学校の実力テストの成績を示したものである。作成条件にしたがって、表とグラフを作成しなさい。

	A	B	C	D	E	F	G	H	I	J	K
1											
2		実力テストの結果一覧									
3											
4	番号	氏名	国語	地歴公民	数学	理科	外国語	情報	合計	評価	順位
5	1	青木　純子	64	71	96	91	65	70	※	※	※
6	2	上野　則之	82	83	73	98	91	75	※	※	※
7	3	川島　裕子	89	96	79	98	74	87	※	※	※
8	4	木村　智子	55	39	70	45	70	35	※	※	※
9	5	田中　一馬	45	51	56	35	30	55	※	※	※
10	6	藤原　三郎	69	60	71	88	89	65	※	※	※
11	7	松田　洋平	60	67	70	93	73	91	※	※	※
12	8	山下　太郎	94	93	91	90	93	90	※	※	※
13		平均点	※	※	※	※	※	※	※		
14											
15		評価表									
16		合計点	評価	人数							
17		0	C	※							
18		300	B	※							
19		400	A	※							
20		550	S	※							

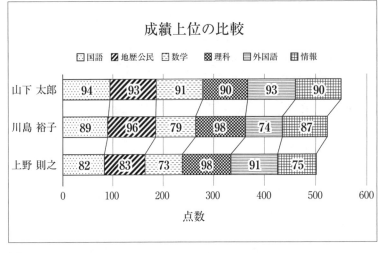

<評価表>

550点以上	S
400点以上550点未満	A
300点以上400点未満	B
0点以上300点未満	C

作成条件

1．表の形式および体裁は上の表を参考にして設定する。
　　設定する書式・表示形式：罫線、列幅、中央揃え、小数の表示形式
2．表の※印部分は、式や関数などを利用して求める。
3．I列の「合計」は、「国語」から「情報」までの合計を求める。
4．J列の「評価」は、I列の「合計」をもとに、評価表を参照して表示する（右上表を参照）。
5．K列の「順位」は、I列の「合計」を基準として、降順に順位をつける。
6．13行目の「平均点」は、各列の平均を求める。ただし、小数第1位未満を四捨五入し、小数第1位まで表示する。
7．D17～D20の「人数」は、「評価」ごとに件数を求める。
8．横棒グラフは、表よりグラフ化する範囲を指定し、上記のように作成する。

 **解説**

▶使用する新しい関数

・**列の検索**（評価）
　VLOOKUP関数（近似一致）・・・範囲内の左端のデータを縦方向に検索し、検索値を超えない
　　　　　　　　　　　　　　　　最大の数値を探し、列番号のデータを表示する。
　　　　　　　　　　　　　　　　※近似一致の場合、範囲のデータは昇順に並べる必要がある。

　　＝VLOOKUP（検索値, 範囲, 列番号, 検索方法）

　J5 ＝VLOOKUP（I5, $B$17：$C$20, 2, TRUE）※検索方法：近似一致（TRUEまたは1）を指定する。
　⇒検索値（I5）を範囲の左端（B17〜B20）の上から順に検索し、検索値（I5）を超えない最大
　　の数値を探し出し、その行の左から2列目（評価）を表示する。
　※検索範囲はコピーしたときにずれないように、<u>絶対指定</u>する。

（例）		合計点	評価
I9　（272）	→C	0	C
I8　（314）	→B	300	B
I5　（457）	→A	400	A
I12（551）	→S	550	S

・**関数のネスト**
　関数の中に関数を入れ利用することをネストや入れ子と呼ぶ。

　ROUND関数のネスト（13行目の「平均点」）
　| 各列の<u>平均</u>を求める。ただし、小数第1位未満を<u>四捨五入</u>し、小数第1位まで表示する。 |
　　AVERAGE関数　　　　　　　　　　　　　　　　ROUND関数

　四捨五入のROUND関数の中に、平均を求めるAVERAGE関数を入れている。

　C13 ＝ROUND（AVERAGE（C5：C12）, 1）

　・**XLOOKUP関数**
　Microsoft Office 2021に新しい関数としてXLOOKUP関数が追加された。
　VLOOKUP関数では縦方向、HLOOKUP関数では横方向と、値を検索する方向が決まって
　いたが、XLOOKUP関数は縦、横どちらにでも値を検索できるため、検索方向によって関
　数を使い分ける必要がない。Microsoft 365などでも使用可能で、VLOOKUP関数の後継に
　なると目されている。
　　＝XLOOKUP（検索値, 検索範囲, 戻り配列, [見つからない場合], [一致モード],
　　[検索モード]）

中級基本問題 4†

所要時間（　　分　　秒）

　次の表は、ある家電量販店の売上データを示したものである。作成条件にしたがって、表とグラフを作成しなさい。

	A	B	C	D	E	F	G
1							
2		ご優待セール　売上一覧表					
3							
4	商品コード	イベント名	分類	価格	売上数	売上金額	順位
5	TK001-20	掃除機	※	52,000	35	※	※
6	TK002-15	エアコン	※	125,000	15	※	※
7	BE001-10	シャワーヘッド	※	25,000	36	※	※
8	BE002-05	電動歯ブラシ	※	65,000	13	※	※
9	CP001-10	タブレット	※	75,000	24	※	※
10	CP002-20	デスクトップ型	※	120,000	21	※	※
11	TK003-15	洗濯機	※	11,000	12	※	※
12	CP003-10	外付けSSD	※	12,000	47	※	※
13							
14	集計表						
15	分類コード	分類	売上数合計	売上金額合計	目標売上高	達成率	
16	TK	生活家電	※	※	1,000,000	※	
17	BE	美容	※	※	8,000,000	※	
18	CP	コンピュータ関連	※	※	20,000,000	※	

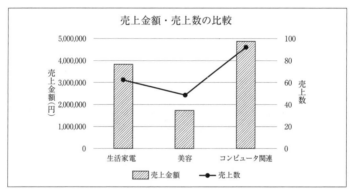

作成条件

1．表の形式および体裁は上の表を参考にして設定する。
　　設定する書式・表示形式：罫線、列幅、3桁ごとのコンマ、％、小数の表示桁数
2．表の※印部分は、式や関数などを利用して求める。
3．C列の「分類」は、A列の「商品コード」の左端から2文字を抽出し、集計表を参照して表示する。
4．F列の「売上金額」は、次の式で求める。
　　「価格 × 売上数」
5．G列の「順位」は、F列の「売上金額」を基準として、降順に順位をつける。
6．C16〜C18の「売上数合計」は、分類ごとに「売上数」の合計を求める。
7．D16〜D18の「売上金額合計」は、分類ごとに「売上金額」の合計を求める。
8．F16〜F18の「達成率」は、次の式で求める。ただし、小数第3位未満を四捨五入し、％で小数第1位まで表示する。
　　「売上金額合計 ÷ 目標売上高」
9．集合縦棒グラフと折れ線グラフの複合グラフは、表よりグラフ化する範囲を指定し、上記のように作成する。

 解説

▶使用する新しい関数

・VLOOKUP関数のネスト（分類）

> C列の「分類」は、A列の「商品コード」の左端から2文字を抽出し、集計表を参照して表示する。

　　　　　　　　　　　　　　　　　LEFT関数　　　　　VLOOKUP（完全一致）

VLOOKUP関数の中に、LEFT関数を入れている。

|C5|=VLOOKUP (LEFT (A5, 2), \$A\$16 : \$B\$18, 2, FALSE)

・条件付き合計（分類ごとの売上数、売上金額の合計）

SUMIFS関数…範囲の中から条件に一致するデータを検索し、合計を求める。

=SUMIFS（合計範囲, 条件範囲1, 条件1, [条件範囲2, 条件2], …）

|C16|=SUMIFS (\$E\$5 : \$E\$12, \$C\$5 : \$C\$12, B16)

⇒C5～C12の範囲の中からB16（生活家電）に一致するデータを検索し、その行の売上数の合計を求める。

|D16|=SUMIFS (\$F\$5 : \$F\$12, \$C\$5 : \$C\$12, B16)

＜複合グラフ作成の手順＞

1）B15～D18を選択し、〔挿入〕→〔縦棒/横棒グラフの挿入〕→〔2-D縦棒〕→〔集合縦棒〕をクリックする（右図）。

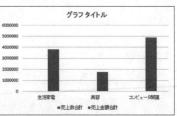

2）「売上数合計」または「売上金額合計」のどちらかのグラフを選択し、〔グラフのデザイン〕→〔グラフの種類の変更〕をクリックする（右下図）。

3）グラフの種類をそれぞれ次のように変更し、「売上数合計」を第2軸に設定する。

「売上数合計」　→　マーカー付き折れ線　第2軸に☑

「売上金額合計」→　集合縦棒

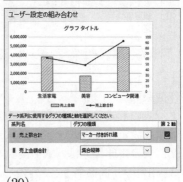

4）軸の目盛をそれぞれ次のように設定する。

数値軸（縦軸）…最小値（0）、最大値（5,000,000）、および間隔（1,000,000）

第2軸（縦軸）…最小値（0）、最大値（100）、および間隔（20）

5）タイトルを入力（変更）する。

6）軸ラベルをそれぞれ次のように設定する。

第1縦軸ラベル…「売上金額（円）」と入力し、文字列の方向を縦書きに変更する。

第2縦軸ラベル…「売上数」と入力し、文字列の方向を縦書きに変更する。

中級基本問題 5†

所要時間（　　分　　秒）

次の表は、ある町内の夏祭りにおける各商品の売上を示したものである。作成条件にしたがって、表とピボットテーブルを作成しなさい。

	A	B	C	D	E	F	G	H
1								
2		店舗別売上集計一覧表						
3								
4	日付	商品コード	店舗コード	商品名	店舗名	単価	数量	売上金額
5	10月1日	101	K	※	※	※	126	※
6	10月1日	102	K	※	※	※	0	※
7	10月1日	103	H	※	※	※	251	※
8	10月2日	101	K	※	※	※	45	※
9	10月2日	101	E	※	※	※	52	※
10	10月2日	101	H	※	※	※	96	※
11	10月2日	102	K	※	※	※	0	※
12	10月3日	101	E	※	※	※	35	※
13	10月3日	102	H	※	※	※	46	※
14	10月3日	102	K	※	※	※	75	※
15	10月3日	103	E	※	※	※	12	※
16	10月3日	103	H	※	※	※	150	※
17								
18	商品コード表				店舗コード表			
19	商品コード	商品名	単価		店舗コード	店舗名		
20	101	たこ焼き	350		K	北支店		
21	102	焼きそば	450		E	駅前店		
22	103	おでん	250		H	本店		

作成結果

	A	B	C	D	E
23					
24	合計 / 売上金額	列ラベル ▼			
25	行ラベル ▼	おでん	たこ焼き	焼きそば	総計
26	駅前店	※	※	※	※
27	北支店	※	※	※	※
28	本店	※	※	※	※
29	総計	※	※	※	※

作成条件

1. 表の形式および体裁は上の表を参考にして設定する。
   設定する書式・表示形式：罫線、列幅、中央揃え、3桁ごとのコンマ
2. 表の※印部分は、式や関数などを利用して求める。
3. D列の「商品名」、F列の「単価」は、B列の「商品コード」をもとに商品コード表を参照して表示する。
4. E列の「店舗名」は、C列の「店舗コード」をもとに店舗コード表を参照して表示する。
5. H列の「売上金額」は、次の式で求める。
   「単価 × 数量」
6. ピボットテーブルは、A24に作成する。
   ①行ラベルに「店舗名」、列ラベルに「商品名」として「売上金額」の集計（合計）を行う。
   ②空白セルには「0」を表示する。

▶▶ 解説

▶ 使用する機能

・ピボットテーブルとは、集計機能の一つで、クロス集計機能のことをいう。集計したさまざまなデータから、必要な項目を選び、集計表を作成する機能である。

1）A4〜H16のいずれかのセルを選択し、〔挿入〕→〔ピボットテーブル〕をクリックする。下のような〔テーブルまたは範囲からのピボットテーブル〕が表示される。

2）〔テーブルまたは範囲からのピボットテーブル〕の中の項目を次のように設定する。
①〔テーブル／範囲（T）〕はA4〜H16を選択する。
②〔既存のワークシート(E)〕をクリックし、〔場所（L）〕はA24を選択し、OK をクリックする。

3）OK をクリックすると、
右下のような〔ピボットテーブルのフィールド〕が表示され、次のようにフィールドリストの項目をドラッグし、設定する。
①列・・・「商品名」　行・・・「店舗名」　値・・・「売上金額」
以下のようなピボットテーブルができる。

合計 / 売上金額	列ラベル			
行ラベル	おでん	たこ焼き	焼きそば	総計
駅前店	3,000	30,450		33,450
北支店		59,850	33,750	93,600
本店	100,250	33,600	20,700	154,550
総計	103,250	123,900	54,450	281,600

4）空白セルに「0」を表示するためには、次のような設定が必要である。ピボットテーブルの上で右クリックし、「ピボットテーブルオプション（O)」を選択すると、下のような図が表示される。その中で〔レイアウトと書式〕の〔空白セルに表示する値(S)〕にチェックを入れ、「0」を入力し、OK をクリックする。以下のように空白セルに0が表示される。

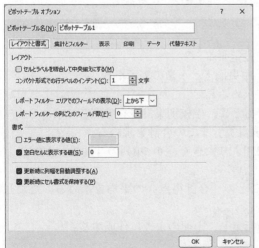

合計 / 売上金額	列ラベル			
行ラベル	おでん	たこ焼き	焼きそば	総計
駅前店	3,000	30,450	0	33,450
北支店	0	59,850	33,750	93,600
本店	100,250	33,600	20,700	154,550
総計	103,250	123,900	54,450	281,600

第4節　中級練習問題

中級練習問題 1[†]

所要時間（　　　分　　　秒）

次の表は、ある専門学校の情報科入学試験の結果について示したものである。作成条件にしたがって、表とグラフを作成しなさい。

	A	B	C	D	E	F	G	H	I
1									
2		情報科入学試験成績一覧							
3									
4	受験番号	氏名	学校名	筆記試験	文書作成	表計算	合計得点	面接	結果
5	101	森本　祐介	※	98	90	95	※	85	※
6	201	渡辺　裕子	※	96	100	81	※	90	※
7	102	相田　桜	※	88	90	88	※	75	※
8	401	田所　和弘	※	74	100	85	※	65	※
9	202	橋本　さとし	※	81	95	78	※	95	※
10	103	乾　智子	※	80	85	86	※	90	※
11	301	太田　りさ	※	67	100	58	※	75	※
12	204	上田　翔	※	92	60	73	※	70	※
13	302	田村　健二	※	88	55	81	※	80	※
14	104	大島　幸子	※	72	65	69	※	70	※
15	303	西野　まさき	※	53	40	95	※	80	※
16	203	土屋　春香	※	45	40	59	※	65	※
17									
18	学校別集計表								
19	受験コード	学校名	合計得点の平均						
20	100	東高校	※						
21	200	西高校	※						
22	300	南高校	※						
23	400	北高校	※						

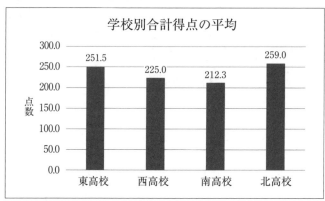

作成条件

1. 表の形式および体裁は上の表を参考にして設定する。
　　設定する書式・表示形式：罫線、列幅、中央揃え、小数の表示桁数
2. 表の※印部分は、式や関数などを利用して求める。
3. C列の「学校名」は、A列の「受験番号」をもとに、学校別集計表を参照して求める。
4. G列の「合計得点」は、「筆記試験」〜「表計算」までの合計を求める。
5. I列の「結果」は、G列の「合計得点」が250より大きく、かつH列の「面接」が90以上のとき、「合格」を表示し、それ以外は何も表示しない。
6. C20〜C23の「合計得点の平均」は、学校ごとの「合計得点」の平均を求める。ただし、小数第1位未満を四捨五入し、小数第1位まで表示する。
7. 縦棒グラフは、表よりグラフ化する範囲を指定し、上記のように作成する。

中級練習問題 2†

所要時間（　　分　　秒）

次の表は、ある施設の入場者数について示したものである。作成条件にしたがって、表とピボットテーブルを作成しなさい。

	A	B	C	D	E	F	G	H	I
1									
2		仕事体験施設プレオープンご招待				大人	¥500	子供	¥2,500
3									
4	受付順	日付	地区コード	子供会	代表者	大人	子供	合計人数	購入額
5	1	9月28日	101	※	伊藤 淳	1	3	※	※
6	2	9月28日	102	※	稲葉 徳子	2	15	※	※
7	3	9月28日	201	※	加藤 彰浩	1	3	※	※
8	4	9月28日	202	※	角田 さやか	1	5	※	※
9	5	9月29日	106	※	山本 典子	1	3	※	※
10	6	9月29日	305	※	大山 明弘	5	55	※	※
11	7	9月29日	304	※	中山 正弘	10	25	※	※
12	8	9月29日	107	※	東原 崇志	1	4	※	※
13	9	9月30日	205	※	林 寛子	1	6	※	※
14	10	9月30日	206	※	林 創平	2	5	※	※
15					合計	※	※	※	※
16	コード表								
17	100	200	300						
18	北区	南区	その他						

作成結果

	A	B	C	D	E		G	H	I	J	K
19											
20	合計 / 合計人数	列ラベル ▼					合計 / 購入額	列ラベル ▼			
21	行ラベル ▼	その他	南区	北区	総計		行ラベル ▼	その他	南区	北区	総計
22	9月28日	※	※	※	※		9月28日	※	※	※	※
23	9月29日	※	※	※	※		9月29日	※	※	※	※
24	9月30日	※	※	※	※		9月30日	※	※	※	※
25	総計	※	※	※	※		総計	※	※	※	※

作成条件

1. 表の形式および体裁は上の表を参考にして設定する。
   設定する書式・表示形式：罫線、列幅、中央揃え、G2、I2およびI列の¥記号
2. 表の※印部分は、式や関数などを利用して求める。
3. D列の「子供会」は、C列の「地区コード」をもとに、コード表を参照して求める。
4. H列の「合計人数」は、次の式で求める。
   「大人 ＋ 子供」
5. I列の「購入額」は、次の説明と式を参考に求める。
   G2：大人の入場料　I2：子供の入場料　F列：大人の入場者数　G列：子供の入場者数
   I5の設定例：「G2 × F5 ＋ I2 × G5」
6. 15行目「合計」は、各列の合計を求める。
7. ピボットテーブルは、A20に作成する。
   ①行ラベルに「日付」、列ラベルに「子供会」として「合計人数」の集計（合計）を行う。
   ②空白セルには「0」を表示する。
8. ピボットテーブルは、G20に作成する。
   ①行ラベルに「日付」、列ラベルに「子供会」として「購入額」の集計（合計）を行う。
   ②空白セルには「0」を表示する。
   ③数値に¥記号を表示する。

中級練習問題 3[†]

所要時間（　　分　　秒）

次の表は、ある店舗のセール期間の売上について示したものである。作成条件にしたがって、表とグラフを作成しなさい。

	A	B	C	D	E	F	G	H	I
1									
2		セール期間の売上一覧表					価格	¥600	
3									
4	取引先番号	支店名	地域コード	地域	数量	割引	送料	合計額	到着日
5	24T001	東北支店	※	※	20	※	※	※	※
6	24K002	関東支店	※	※	8	※	※	※	※
7	24C003	中部支店	※	※	4	※	※	※	※
8	24P004	大阪支店	※	※	9	※	※	※	※
9	24S005	岡山支店	※	※	10	※	※	※	※
10	24P006	奈良支店	※	※	12	※	※	※	※
11	24K007	関東支店	※	※	6	※	※	※	※
12	24P008	京都支店	※	※	30	※	※	※	※
13	24S009	広島支店	※	※	1	※	※	※	※
14									
15	配送表								
16	地域コード	T	K	C	P	S	K	O	
17	地域	東北	関東	中部	近畿	中国・四国	九州	その他	
18	送料	¥900	¥900	¥900	¥600	¥600	¥900	¥1,200	
19	到着日	3日後	3日後	3日後	翌日着	2日後	2日後	5日後	

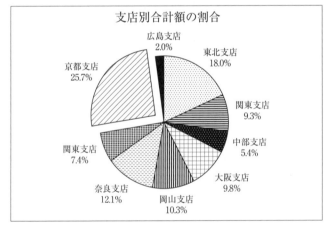

支店別合計額の割合

広島支店 2.0%
東北支店 18.0%
京都支店 25.7%
関東支店 9.3%
中部支店 5.4%
大阪支店 9.8%
岡山支店 10.3%
奈良支店 12.1%
関東支店 7.4%

作成条件

1. 表の形式および体裁は上の表を参考にして設定する。
　　設定する書式・表示形式：罫線、列幅、中央揃え、%、H2、G列、H列および18行目の¥記号
2. 表の※印部分は、式や関数などを利用して求める。
3. C列の「地域コード」は、A列の「取引先番号」の左端から3文字目より1文字抽出する。
4. D列の「地域」は、C列の「地域コード」をもとに、配送表を参照して求める。
5. F列の「割引」は、E列の「数量」が20以上の場合は「0.2」を、10以上20未満の場合は「0.1」を、それ以外は「0.05」を表示し、その数値を%表示にする。
6. G列の「送料」は、C列の「地域コード」をもとに、配送表を参照して求める。
7. H列の「合計額」は、次の式で求める。
　　H5の設定例：「H2 × E5 ×（1 － F5）＋ G5」
8. I列の「到着日」は、C列の「地域コード」をもとに、配送表を参照して求める。
9. 円グラフは、表よりグラフ化する範囲を指定し、上記のように作成する。

中級練習問題 4[†]

所要時間（　　　分　　　秒）

次の表は、あるキッチンカーイベントの売上について示したものである。作成条件にしたがって、表とグラフを作成しなさい。

	A	B	C	D	E	F	G	H	I	J	K
1											
2		キッチンカー売上ランキング									
3											
4	コード	料理	部門	価格	1日目	2日目	3日目	4日目	売上金額	ランキング	判定
5	D06	バナナクレープ	※	¥350	193	152	82	60	※	※	※
6	N02	とんこつラーメン	※	¥650	471	472	407	100	※	※	※
7	N08	鍋焼きうどん	※	¥700	195	371	273	100	※	※	※
8	D09	パンケーキ	※	¥650	283	35	259	351	※	※	※
9	M04	唐揚げ	※	¥450	471	173	163	195	※	※	※
10	D03	はちみつワッフル	※	¥150	274	472	264	265	※	※	※
11	M01	焼き鳥3本セット	※	¥700	173	174	67	50	※	※	※
12	M05	ローストビーフ	※	¥750	26	52	100	40	※	※	※
13											
14	売上集計表										
15	部門コード	部門	売上金額								
16	M	肉料理	※								
17	N	麺類	※								
18	D	デザート	※								

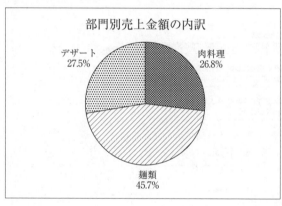

部門別売上金額の内訳

デザート 27.5%　肉料理 26.8%　麺類 45.7%

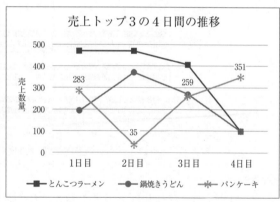

売上トップ3の4日間の推移

■ とんこつラーメン　● 鍋焼きうどん　＊ パンケーキ

作成条件

1. 表の形式および体裁は上の表を参考にして設定する。
　　設定する書式・表示形式：罫線、列幅、中央揃え、D列、I列およびC16～C18の¥記号
2. 表の※印部分は、式や関数などを利用して求める。
3. C列の「部門」は、A列の「コード」の左端から1文字を抽出し、売上集計表を参照して表示する。
4. I列の「売上金額」は、次の式で求める。
　　「価格 × 1日目～4日目の合計」
5. J列の「ランキング」は、I列の「売上金額」を基準として、降順に順位をつける。
6. K列の「判定」は、I列の「売上金額」が450000以上、またはJ列の「ランキング」が上位3位以内の場合、「賞金」を表示し、それ以外は何も表示しない。
7. C16～C18の「売上金額」は、部門ごとに「売上金額」の合計を求める。
8. 円グラフと折れ線グラフは、表よりグラフ化する範囲を指定し、上記のように作成する。

中級練習問題 5†

所要時間（　　　分　　　秒）

　次の表は、あるビジネスホテルの宿泊アンケートの結果について示したものである。作成条件にしたがって、表とグラフを作成しなさい。

	A	B	C	D	E	F	G	H	I	J
1										
2		メモリビジネスホテルの宿泊アンケート								
3										
4	代表者	宿泊コード	部屋のタイプ	アメニティ	設備	利便性	価格	評価	次回の特別価格	
5	林　創平	101-SI	※	6	5	6	5	※	※	
6	佐々木　淳子	102-DO	※	8	9	5	7	※	※	
7	大山　明弘	103-SI	※	7	6	7	6	※	※	
8	佐藤　信一	104-SI	※	8	7	8	10	※	※	
9	酒井　彩	105-TW	※	9	8	6	4	※	※	
10	東原　崇志	106-DO	※	8	9	9	8	※	※	
11	伊藤　淳	107-TW	※	10	10	8	7	※	※	
12										
13	集計結果表									
14	宿泊コード	部屋のタイプ	税込価格	アメニティ	設備	利便性	価格	合計点	評価	評価数
15	SI	シングル	¥6,500	※	※	※	※	0	☆	※
16	DO	ダブル	¥9,000	※	※	※	※	25	☆☆	※
17	TW	ツイン	¥12,000	※	※	※	※	30	☆☆☆	※

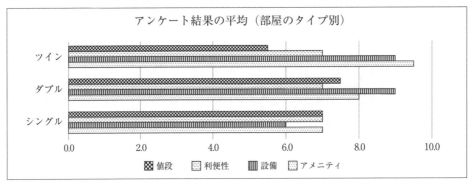

作成条件

1．表の形式および体裁は上の表を参考にして設定する。
　　設定する書式・表示形式：罫線、列幅、小数の表示桁数、中央揃え、
　　　　　　　　　　　　　　　I列およびC15〜C17の¥記号

2．表の※印部分は、式や関数などを利用して求める。

3．C列の「部屋のタイプ」は、B列の「宿泊コード」の右端から2文字を抽出し、集計結果表を参照して表示する。

4．H列の「評価」は、「アメニティ」〜「価格」までの合計を求め、その数値をもとに、集計結果表のH列とI列を参照して表示する。

5．I列の「次回の特別価格」は、B列の「宿泊コード」の右端から2文字を抽出し、集計結果表を参照して求めた「税込価格」に0.9を乗じて求める。

6．D15〜D17の「アメニティ」、E15〜E17の「設備」、F15〜F17の「利便性」、G15〜G17の「価格」は、「部屋のタイプ」ごとのそれぞれ（アメニティ、設備、利便性、価格）の平均を求める。ただし、小数第1位まで表示する。

7．J15〜J17の「評価数」は、I15〜I17の「評価」ごとにH5〜H11の「評価」の件数を求める。

8．横棒グラフは、表よりグラフ化する範囲を指定し、上記のように作成する。

中級練習問題 6 †

所要時間（　　分　　秒）

次の表は、あるイベントの売上集計について示したものである。作成条件にしたがって、表とピボットテーブルを作成しなさい。

	A	B	C	D	E	F	G	H
1								
2		イベントの売上集計一覧						
3								
4	日付	店舗コード	店舗	商品コード	商品	単価	数量	売上金額
5	2月1日	A	※	MA	※	※	301	※
6	2月1日	B	※	CO	※	※	203	※
7	2月1日	C	※	ST	※	※	130	※
8	2月1日	D	※	CO	※	※	202	※
9	2月2日	A	※	MA	※	※	274	※
10	2月2日	B	※	ST	※	※	183	※
11	2月2日	D	※	CO	※	※	165	※
12	2月3日	A	※	ST	※	※	293	※
13	2月3日	B	※	MA	※	※	401	※
14	2月4日	A	※	CO	※	※	203	※
15	2月4日	D	※	MA	※	※	496	※
16								
17	店舗コード表			商品コード表				
18	店舗コード	店舗		商品コード	商品	単価		
19	A	東京		MA	抹茶	¥600		
20	B	京都		CO	チョコレート	¥500		
21	C	大阪		ST	いちご	¥600		
22	D	福岡						

作成結果

	A	B	C	D	E		G	H	I	J	K
23											
24	合計 / 売上合計	列ラベル ▼					合計 / 売上合計	列ラベル ▼			
25	行ラベル ▼	いちご	チョコレート	抹茶	総計		行ラベル ▼	いちご	チョコレート	抹茶	総計
26	京都	※	※	※	※		2月1日	※	※	※	※
27	大阪	※	※	※	※		2月2日	※	※	※	※
28	東京	※	※	※	※		2月3日	※	※	※	※
29	福岡	※	※	※	※		2月4日	※	※	※	※
30	総計	※	※	※	※		総計	※	※	※	※

作成条件

1．表の形式および体裁は上の表を参考にして設定する。

　　設定する書式・表示形式：罫線、列幅、中央揃え、F列およびH列の¥記号

2．表の※印部分は、式や関数などを利用して求める。

3．C列の「店舗」は、B列の「店舗コード」をもとに、店舗コード表を参照して求める。

4．E列の「商品」、F列の「単価」は、D列の「商品コード」をもとに、商品コード表を参照して求める。

5．H列の「売上金額」は、次の式で求める。

　　「単価 × 数量」

6．ピボットテーブルは、A24に作成する。

　①行ラベルに「店舗」、列ラベルに「商品」として「売上金額」の集計（合計）を行う。

　②空白セルには「0」を表示する。

　③売上金額に¥マークを表示する。

7．ピボットテーブルは、G24に作成する。

　①行ラベルに「日付」、列ラベルに「商品」として「売上金額」の集計（合計）を行う。

　②空白セルには「0」を表示する。

　③売上金額に¥マークを表示する。

中級練習問題 7†

次の表は、ある家電量販店の3月の売上を集計したものである。作成条件にしたがって、シート名「商品コード表」、「売上集計表」から、シート名「報告書」を作成しなさい。

作成条件

1．表およびグラフの体裁は、右ページを参考にして設定する。
　　　設定する書式・表示形式：罫線、列幅、中央揃え、3桁ごとのコンマ
2．表の※印の部分は、表に入力された値をもとに表示する。
3．グラフの※印の部分は、表に入力された値をもとに表示する。
4．「1．3月の売上集計」は、次のように作成する。
　⑴　B列の「商品名」は、A列の「商品コード」をもとに、シート名「商品コード表」を参照して表示する。
　⑵　C列の「分類」は、A列の「商品コード」をもとに、シート名「商品コード表」を参照して表示する。
　⑶　D列の「単価」は、A列の「商品コード」をもとに、シート名「商品コード表」を参照して表示する。
　⑷　E列の「販売数」は、シート名「売上集計表」の「商品コード」ごとに、「販売数」の合計を求める。
　⑸　F列の「売上金額」は、次の式で求める。
　　　「単価 × 1.1 × 販売数 」
　⑹　19行目の「合計」は、各列の合計を求める。
5．「2．分類別集計」は、次のように作成する。
　⑴　B列の「販売数」は、「1．3月の売上集計」の「分類」ごとに、「販売数」の合計を求める。
　⑵　C列の「売上金額」は、「1．3月の売上集計」の「分類」ごとに、「売上金額」の合計を求める。
6．「3．曜日別集計」は、次のように作成する。
　⑴　F列の「購入者数」は、シート名「売上集計表」の「曜日」ごとに件数を求める。
7．集合縦棒グラフと折れ線グラフの複合グラフは、「2．分類別集計」から作成する。
　⑴　グラフの数値軸「売上金額（円）」の目盛は、最小値（0）、最大値（2,500,000）および間隔（500,000）を設定する。
　⑵　第2数値軸（縦軸）「売上数」の目盛は、最小値（0）、最大値（50）および間隔（10）を設定する。
　⑶　軸ラベルの方向を設定する。

シート名：商品コード表

	A	B	C	D
1	商品コード表			
2	商品コード	商品名	分類	単価
3	CL-1	掃除機	生活家電	32,000
4	CL-2	コードレス掃除機	生活家電	45,000
5	WA-1	洗濯機	生活家電	98,000
6	WA-2	洗濯機ドラム式	生活家電	12,000
7	RE-1	冷蔵庫	生活家電	25,000
8	MI-1	電子レンジ	生活家電	35,000
9	RI-1	炊飯器	生活家電	45,000
10	PC-1	ノート型PC	PC・周辺機器	189,000
11	PC-2	デスクトップ型PC	PC・周辺機器	168,000
12	PC-3	SSD	PC・周辺機器	25,000
13	AU-1	ワイヤレスイヤホン	オーディオ機器	12,000
14	AU-2	電子ピアノ	オーディオ機器	78,000
15	AU-3	ラジオ	オーディオ機器	8,500

シート名：売上集計表

	A	B	C	D	E
1	売上集計表				
2	月	日	曜日	商品コード	販売数
3	3	1	月	RI-1	1
4	3	1	月	AU-3	1
5	3	2	火	MI-1	1
6	3	3	水	PC-3	3
7	3	4	木	PC-1	3
8	3	5	金	RE-1	1
9	3	6	土	RI-1	2
10	3	6	土	WA-2	2
11	3	6	土	RI-1	2
12	3	6	土	CL-1	1
13	3	7	日	CL-1	2
52	3	27	土	AU-1	1
53	3	27	土	CL-2	1
54	3	28	日	PC-3	1
55	3	28	日	CL-2	1
56	3	28	日	AU-3	1
57	3	31	水	CL-1	1

シート名：報告書

	A	B	C	D	E	F
1						
2		3月の売上集計結果とその分析				
3						
4	1．3月の売上集計					
5	商品コード	商品名	分類	単価	販売数	売上金額
6	CL-1	※	※	※	※	※
7	CL-2	※	※	※	※	※
8	WA-1	※	※	※	※	※
9	WA-2	※	※	※	※	※
10	RE-1	※	※	※	※	※
11	MI-1	※	※	※	※	※
12	RI-1	※	※	※	※	※
13	PC-1	※	※	※	※	※
14	PC-2	※	※	※	※	※
15	PC-3	※	※	※	※	※
16	AU-1	※	※	※	※	※
17	AU-2	※	※	※	※	※
18	AU-3	※	※	※	※	※
19				合計	※	※
20						
21	2．分類別集計			3．曜日別集計		
22	分類	販売数	売上金額	曜日	購入者数	
23	生活家電	※	※	月	※	
24	PC・周辺機器	※	※	火	※	
25	オーディオ機器	※	※	水	※	
26				木	※	
27				金	※	
28				土	※	
29				日	※	

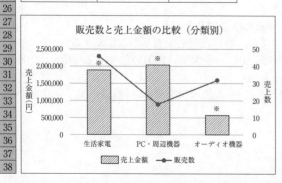

中級練習問題 8[†]

所要時間（　　分　　秒）

　次の表は、あるパン屋の1日の売上を集計したものである。作成条件にしたがって、シート名「コード表」、「1日の販売記録表」から、シート名「報告書表」を作成しなさい。

作成条件
1．表およびグラフの体裁は、右ページを参考にして設定する。
　　　設定する書式・表示形式：罫線、列幅、中央揃え、％、小数の表示桁数、3桁ごとのコンマ
2．表の※印の部分は、表に入力された値をもとに表示する。
3．グラフの※印の部分は、表に入力された値をもとに表示する。
4．「1．本日の売上集計」は、次のように作成する。
　(1) B列の「商品名」、C列の「税込価格」、D列の「販売数量」は、A列の「商品コード」をもとに、シート名「コード表」を参照して表示する。
　(2) E列の「Web予約」は、A列の「商品コード」ごとに、シート名「1日の販売記録表」の「Web予約」の合計を求める。
　(3) F列の「店頭販売」は、A列の「商品コード」ごとに、シート名「1日の販売記録表」の「店頭販売」の合計を求める。
　(4) G列の「売上数」は、次の式で求める。　　「Web予約 ＋ 店頭販売」
　(5) H列の「売上金額」は、次の式で求める。　　「税込価格 × 売上数」
　(6) I列の「Web予約率」は、次の式で求める。ただし、小数第3位未満を四捨五入し、％で小数第1位まで表示する。　　　　　　　　　　　　　　　　「Web予約 ÷ 売上数」
　(7) J列の「残り数」は、G列の「売上数」がD列の「販売数量」と等しければ、「完売」と表示し、それ以外は「販売数量 － 売上数」の結果を表示する。
　(8) 12行目の「合計」は、各列の合計を求める。
　(9) I4に本日の日付を表示する。
5．積み上げ横棒グラフは、「1．本日の売上集計」から作成する。
　(1) 数値軸（横軸）の目盛は、最小値（0）、最大値（100）および間隔（20）を設定する。
　(2) データラベルを設定する。
　(3) 凡例の位置を設定する。
6．「2．明日の売上予測」は、次のように作成する。
　(1) B列の「商品名」、C列の「セール価格」は、A列の「商品コード」をもとに、シート名「コード表」を参照して表示する。
　(2) D列の「売上数（見込）」は、次の式で求める。ただし、小数第1位を四捨五入し、整数で表示する。
　　　「売上数 × 1.3」
　(3) E列の「売上金額（見込）」は、次の式で求める。
　　　「セール価格 × 売上数（見込）」
　(4) 34行目の「合計」は、各列の合計を求める。
　(5) F列の「売上構成比」は、次の式で求める。ただし、小数第3位未満を四捨五入し、％で小数第1位まで表示する。
　　　「売上金額（見込）÷ 売上金額（見込）の合計」
　(6) G列の「製造数」は、D列の「売上数（見込）」の1の位を切り上げる。
7．集合縦棒グラフと折れ線グラフの複合グラフは、「2．明日の売上予測」から作成する。
　(1) グラフの数値軸「金額（円）」の目盛は、最小値（0）、最大値（100,000）および間隔（20,000）を設定する。
　(2) 第2数値軸（縦軸）「数量」の目盛は、最小値（0）、最大値（150）および間隔（30）を設定する。
　(3) 軸ラベルの方向を設定する。
　(4) 凡例の位置を設定する。

シート名：コード表

	A	B	C	D	E
1	商品コード表				
2	商品コード	商品名	税込価格	セール価格	販売数量
3	A001	たまごサンド	¥480	¥432	70
4	A002	メロン塩パン	¥180	¥162	100
5	A003	明太子クリーム	¥140	¥126	100
6	A004	シュガードーナツ	¥90	¥81	100
7	B001	食パン	¥950	¥855	100
8	B002	チョコレート食パン	¥1,200	¥1,080	50

シート名：1日の販売記録表

	A	B	C
1	1日の販売記録		
2	商品コード	Web予約	店頭販売
3	A001		12
4	A002		16
5	A003		10
6	A004		30
7	B001	10	
8	B002	7	
9	A001	10	
10	A002		1
11	A003		8
12	A004		6
13	B001		3
35	B002		8
36	A001	7	
37	A002	20	
38	A003		8
39	A004	10	
40	A001		8
41	A002		6
42	A003		10
43	A004	6	
44	B001	4	
45	B002	8	
46	B001	2	
47	B002	2	
48	B001		5
49	A003		4
50	A004	6	

シート名：報告書

	A	B	C	D	E	F	G	H	I	J
1										
2			1日の売上集計結果と明日の売上予測							
3										
4	1．本日の売上集計							報告日：	※	
5	商品コード	商品名	税込価格	販売数量	Web予約	店頭販売	売上数	売上金額	Web売上率	残り数
6	A001	※	※	※	※	※	※	※	※	※
7	A002	※	※	※	※	※	※	※	※	※
8	A003	※	※	※	※	※	※	※	※	※
9	A004	※	※	※	※	※	※	※	※	※
10	B001	※	※	※	※	※	※	※	※	※
11	B002	※	※	※	※	※	※	※	※	※
12			合計		※	※	※	※		

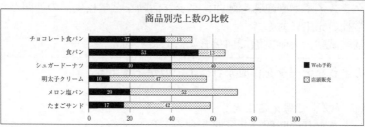

商品別売上数の比較

	Web予約	店頭販売
チョコレート食パン	37	13
食パン	53	13
シュガードーナツ	40	40
明太子クリーム	10	47
メロン塩パン	20	52
たまごサンド	17	42

	A	B	C	D	E	F	G
26	2．明日の売上予測						
27	商品コード	商品名	セール価格	売上数（見込）	売上金額（見込）	売上構成比	製造数
28	A001	※	※	※	※	※	※
29	A002	※	※	※	※	※	※
30	A003	※	※	※	※	※	※
31	A004	※	※	※	※	※	※
32	B001	※	※	※	※	※	※
33	B002	※	※	※	※	※	※
34			合計		※	※	

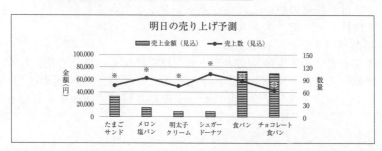

明日の売り上げ予測

第4章 プレゼンテーション

　学校生活や、社会においても、調査・研究した成果や、提案したいことをオーディエンスに対して発表する場面が多くある。このように成果や提案を発表することを「プレゼンテーション」という。プレゼンテーションでは、スライドウェアと呼ばれるソフトウェアを利用する場面が多い。ここではスライドウェア（Microsoft PowerPoint）を使ったプレゼンテーションデータの作成について学ぼう。

第1節　基本操作

＜ステップ1＞

自己紹介をするプレゼンテーションデータを作成しよう

（保存ファイル名：自己紹介）

目的	「何のために」プレゼンテーションをするのか、よく考える。 　プレゼンテーションでは、目的を明確にして、オーディエンス＝プレゼンテーションを聞く人（自分の発表・提案を聞いている人）の求めることをイメージして、効果的な発表を企画することが必要です。 《ステップ1で考えること》 ・自分の名前を印象づけ、自分のことを知ってもらう。
対象	オーディエンスはどういった立場の人なのか、ターゲットを具体的に想定する。 《ステップ1で考えること》 ・クラスメイトや趣味や勉強、クラブ活動など学校生活の仲間たちに対して ・学校の先生に対して ・就職試験、入学試験で面接官に対して　など
条件	どのようなデータを作成すればよいのかを考える。 《ステップ1で考えること》 ・一人あたりの時間は3分間とする。 ・スライドのレイアウトを活用する。 ・スライドは5枚作成し、次のような構成とする。 　1枚目：タイトルスライド（タイトルと名前の紹介） 　2枚目：趣味や特技 　3枚目：これまでの学校生活でがんばってきたこと 　4枚目：将来の夢やこれからチャレンジしたいこと 　5枚目：オーディエンスへのメッセージ ・画像データなども利用する。 　スライドウェアでは、文字データだけではなく、自分で描いたイラスト等の画像やスマートフォンやカメラで撮影した写真・動画のほか、ワープロソフトや表計算ソフトで作成したデータを貼り付けて活用することもできる。

▶▶ 解説

1．テキストの入力

　スライドにあるテキストボックスをクリックし、文字を入力する。PowerPointでは、画面に表示される文字はテキストボックスを使用して入力することになる。

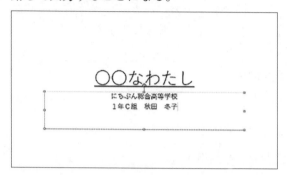

2．新しいスライドの追加・レイアウトの活用

　［ホーム］リボンにある新しいスライドをクリックすると、スライドのレイアウトのテンプレートが一覧表示される。新しく追加したいスライドの適切なレイアウトを選択する。「タイトルとコンテンツ」を選択することが多い。

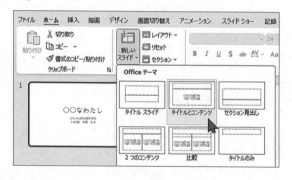

3．画像の挿入

　［挿入］タブにある画像をクリックすると、ファイルに保存されている画像を選択することができる。

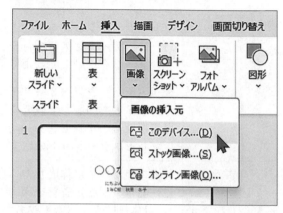

4．SmartArt・ビデオ・オーディオの挿入

　［挿入］タブにあるSmartArtやビデオ・オーディオをクリックすると、SmartArtや動画・音声ファイルを挿入できる。

　SmartArtとは、箇条書きのようにアウトライン入力した文字列を簡単に図解化できる機能で、Word・Excel・PowerPointなどで共通して使うことができる。SmartArtを使うと、面倒な図形操作なしで、体裁のよい図表を作成することができる。組織図やプロセス図など、情報を視覚的に表現することができる。

プレゼンテーションのポイント① 「情報のプレゼント」

　「プレゼンテーション」とよく似た言葉に"プレゼント"という言葉があります。プレゼントとは、贈り物のことです。プレゼントをするときには、どんなものを贈れば受け取ってくれる人に喜んでもらえるのかを、じっくりと時間をかけて考えますよね。その贈り物を相手が喜んでくれたらうれしく感じることでしょう。プレゼンテーションも同じです。プレゼンター（話し手）からオーディエンス（聞き手）へ、しっかりと準備された情報をプレゼントすることで、必要な情報だと聞き手に感じさせ、喜んでもらえるようにしましょう。

　スライドウェアを用いたプレゼンテーションでは、作成したスライドを印刷し、配付（配布）資料として活用する場面がよくある。また、作成したスライドとともに、発表用原稿を印刷することができる「ノート」という機能もある。

＜ステップ２＞

ステップ１で作成した「自己紹介」を利用して、配付（配布）用資料を作成しよう

（保存ファイル名：自己紹介）

目的	プレゼンテーションを成功させるための準備をする。 (1) オーディエンスに配付や配布するための印刷資料を作成する。 (2) ノートを用いて発表用原稿を作成する。
対象	配付（配布）資料…オーディエンス向け 　スライドを印刷して概要を示したもの 発表用原稿…プレゼンター向け 　プレゼンテーションの台本や話したい内容を概要にしてまとめておく
条件	(1) ステップ１で作成した「自己紹介」を活用する。 (2) 配付（配布）資料を印刷する。 　【体裁】Ａ４用紙１枚あたり、スライド数は３枚とする。 　　※２枚・４枚・６枚・９枚も選択できる。１ページあたりのスライドを３枚にすると、メモを記録できる罫線も印刷できる。 (3) ノートを利用して、発表用原稿を用意する。 　ノートに入力した内容はスライドショーには表示されないが、印刷する際の設定によって、スライドの下にノートの内容を印刷したり、発表者用のコンピュータの画面に表示することができる。 (4) ノートを印刷する。

プレゼンテーションの目的を明確にしよう

　プレゼンテーションは、目的によって大きく３種類に分類することができます。目的が違えば、目指すべきプレゼンテーションの在り方も変わります。プレゼンテーションをすることによってどのような変化を起こしたいのかをしっかりとイメージしておきましょう。

❶　**説得するためのプレゼンテーション**
　　　　オーディエンスに意思決定をしてもらうことが目的。
　　　　（例）新商品・サービスの提案や、就職試験・入学試験などの面接など。

❷　**情報を伝達するためのプレゼンテーション**
　　　　オーディエンスに説明内容を理解してもらうことが目的。
　　　　（例）学校や会社の説明会、総合的な探究の時間の研究発表など。

❸　**オーディエンスを楽しませるためのプレゼンテーション**
　　　　オーディエンスに楽しんで満足してもらうことが目的。
　　　　（例）パーティでのスピーチなど。

▶▶ 解説

1．配付（配布）資料の印刷

(1) ［ファイル］リボンにある［印刷］メニューを開く

(2) 「設定」の［フルページサイズのスライド］をクリック

(3) ［3スライド］をクリック

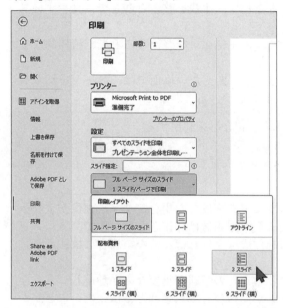

2．スライドショーの操作

(1) ノートの入力

方法1「ノートペイン」を使う

①スライドの下にある「ノートを入力」をクリックして、発表用原稿・台本の内容を入力する。

方法2「ノート表示」で入力する

［表示］タブにある ノート をクリックし、ページ下部のテキストボックスに発表用原稿・台本の内容を入力する。

プレゼンテーションのポイント② 「オーディエンスを分析しよう」

　スライドウェアを利用してプレゼンテーションの準備を進めていると、"スライドショー" が最も大切なように感じてしまいがちです。しかし、プレゼンテーションにおいて最も大切なのは「オーディエンス」の存在や反応です。オーディエンスが "必要ない" 情報だと判断すれば、どんなに上手に話を進めたとしても、いかに工夫したスライドをみせて（魅せて・魅せて）も、プレゼンテーションは失敗です。オーディエンスがどのような情報を求めているのかを把握してプレゼントすることが、プレゼンテーションを成功させる第一歩なのです。

　スライドウェアには、スライドの文字や画像、グラフなどに動きをつける「アニメーション効果」という機能がある。本当に強調させたい部分にアニメーションを設定し、聞き手の注意を引く効果的なプレゼンテーションになるようにブラッシュアップしていこう。

＜ステップ3＞
ステップ1の「自己紹介」を利用して、スライドデザインを工夫しよう

（保存ファイル名：スライドの工夫）

目的	効果的に表現する力をつける。 (1) 背景や文字の配色を意識することや、体裁を整えることで、見やすいスライドをつくる。 (2) 特に強く伝えたい箇所に、アニメーションをつけることで、積極的なアピールができる。 (3) プレゼンテーションの流れを大きく変えたい場面では、ページを切り替えるタイミングでアニメーションをつけることができる。
対象	(1) ステップ1・2で作成した「自己紹介」を利用する。 (2) デザインテンプレートを利用し、スライドのデザインを変更する。 (3) 強調したい部分にアニメーションを設定する。 (4) 画面の切り替えを設定する。
条件	● アニメーションを利用してスライドを作成した場合、文字や画像が重なっていると、下に配置されている文字や画像は印刷されないので、アニメーションの設定後に印刷用資料を作成しなければならない場合には注意が必要である。 ● アニメーション効果を多用すると、どの情報が重要なのか理解しづらくなる。また、プレゼンテーションが間延びしてしまうと、伝えたいことがかえって伝わらなくなることもあるため、第三者に意見を求めるなど、フィードバックを受け入れ、プレゼンテーションをブラッシュアップしよう。

プレゼンテーション用に見やすいスライドをつくるポイント

1. 文字は必要最小限に
   スライドは読ませるものではなくみせる（見せる・魅せる）もの。
2. フォントや配色を意識する―目立たせたいところを太さや色でアピール―
   強調したい部分は、文字のフォントをよりウェイトの大きいゴシック体に変更する、色のあざやかさや明るさを変えて見やすくする。
3. レイアウトを確認する
   背景や画像に重なって見えにくい文字や図解がないか。図表はわかりやすく示しているか。
4. アニメーションは控えめに
   動きが多すぎるとオーディエンスはプレゼンテーションに集中できない。
5. オーディエンスの立場で確認する
   伝えたい部分が強調されているか。文字のサイズや表示時間は適切か。印象に残せるような工夫ができたか。プレゼンターの立場ではなく、オーディエンスの立場を意識しよう。

▶▶ 解説

1．「デザインテンプレート」の適用

　［デザイン］タブの「テーマ」の中から、選択したいデザインテンプレートをクリックする。

2．「アニメーション」の設定

(1) アニメーションを設定したいオブジェクト（テキストボックスや画像）をクリック。

(2) ［アニメーション］タブの「アニメーション」の中から、選択したい効果をクリック。

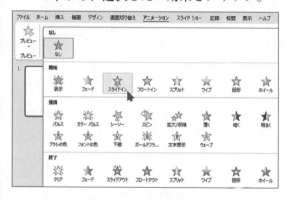

(3) 1枚のスライドに複数のアニメーションを設定した場合には、［アニメーションウィンドウ］をクリックし、作業ウィンドウを表示し、順番を変更することができる。

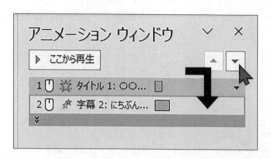

3．「画面切り替え」の設定

　［画面切り替え］リボンの中から、選択したい効果をクリックする。

プレゼンテーションのポイント③「フィードバックとブラッシュアップ」

　プレゼンテーションに向けて準備を進めていると、いろいろな問題点や改善点が出てくることがあります。自ら出来栄えを検証し、他者の意見も聞いて、取り組みの評価をしましょう。このような振り返りを行うことをフィードバックといいます。

　フィードバックで挙げられた問題点や改善点を、プレゼンテーションに関係するチームのメンバーを中心に、改善すべきところを挙げ、修正していきましょう。この作業をブラッシュアップといいます。

　他者の意見や評価を落ち着いた態度で聞き、反省と改善を行わなくては、プレゼンテーションはうまくなりません。よりよいプレゼンテーションにするために、つねに改善する努力を怠らないことが大切です。

作成したスライドをディスプレイやプロジェクタを用いて投影することを、スライドショーという。スライドショーを実行する方法を身につけ、プレゼンテーションの本番に備えよう。

┌─　＜ステップ4＞　─────────────────────────────
│　プレゼンテーションデータを用いて、スライドショーを実行しよう
│
│　　　　　　　　　　　　　　　　　　　　　　　（保存ファイル名：自己紹介完成）
└──

目的	スライドショーを実行して、プレゼンテーションを行う。 (1) 本番を想定してプレゼンテーションのリハーサルをしよう 　　発表のために用意した原稿を読みながら、スライドショーを実行してみよう。先生や同じグループのメンバーなどにも聞いてもらい、本番に向けて改善すべきところをアドバイスしてもらおう。 (2) プレゼンテーションをしよう 　　いよいよ本番。プレゼンテーションを成功させ、聞き手に自分のことを知ってもらおう。
対象	オーディエンス（　　　　　　　　　　　　　　　） ※オーディエンスに対して、自分の名前など、伝えたいことを印象づけるようなプレゼンテーションになるように心がけよう。
条件	1．ステップ3で作成した「スライドの工夫」を利用する。 2．発表時間を超過しないように注意する。 3．オーディエンスに対して、最初に名前を伝え、あいさつする。自分の名前を印象づけることを大切にしょう。

┌──┐
│　　　　　　プレゼンテーションを成功に導くために必要なこと
│
│　　プレゼンテーションを成功に導くために最も大切なことは、オーディエンスに「この人（プ
│　レゼンター）」の話を聞いてみようと感じてもらうことです。プレゼンテーションの最初に
│　好印象を得ることで、プレゼンテーションは成功に近づいていきます。
│
│　　1　身だしなみや立ち居振る舞いを美しくしよう
│　　2　恥ずかしがらずに、自信を持って大きな声で、誠意や熱意を持って話をしよう
│　　3　メリハリをつけて、語尾まではっきりと話そう
│　　4　正しい言葉遣いで、自分の考え、思いを込めて話をしよう
│　　5　ジェスチャーなども交えながら、楽しそうに話そう
│　　6　メッセージが会場全体に染み渡るまで全体を見渡し、沈黙をする余裕を持とう
└──┘

▶▶ 解説

1．スライドショーの実行

（1）最初のスライドからはじめる

　［スライドショー］タブにある|最初から|を
クリックすると、1枚目のスライドからスラ
イドショーが実行される。キーボードから|F5|
キーを押すことでも実行できる。

（2）任意のスライドからはじめる

　［スライドショー］タブにある|現在のスラ
イドから|をクリックすると、選択されている
スライドからスライドショーが実行される。
キーボードの|Shift|キーを押しながら|F5|キー
を押すことでも実行できる。

2．スライドショーの操作

（1）次のアニメーションを表示する／次のスライドに進む

方法1　マウスをクリックする
方法2　|Enter|キーを押す
方法3　|→|キーまたは|↓|キーを押す
方法4　|PageDown|キーを押す
方法5　|N|キーを押す

（2）前のスライドに戻る

方法1　|←|キーまたは|↑|キーを押す
方法2　|BackSpace|キーを押す
方法3　|PageUp|キーを押す
方法4　|P|キーを押す

（3）スライドショーを実行したまま、最初のスライドにジャンプする

方法　　|Home|キーを押す

（4）スライドショーを実行したまま、最後のスライドにジャンプする

方法　　|End|キーを押す

（5）その他の便利な機能

① 画面を一時的に白くする
方法1　|W|キーを押す（Whiteout）
方法2　|,|キーを押す
② 画面を一時的に黒くする
方法1　|B|キーを押す（Blackout）
方法2　|.|キーを押す

プレゼンテーションのポイント④ 「リハーサルを入念に行い、自信をつけよう」

　リハーサルとは、本番前に行う予行演習のこと。客席に聞き手がいるのか、いないのかというところ以外は、本番とまったく同じ環境で行うことが理想的です。もし、それが難しい場合は、会場の大きさや使用できる機材、動作や立ち位置、声、時間配分などを確認しましょう。準備やリハーサルをどれだけ入念に行うことができたかが、プレゼンテーションの出来映えを大きく左右します。リハーサルでも問題点や改善点が見つかることがあります。その際は、フィードバックとブラッシュアップを繰り返し行いましょう。

第２節　複合問題

　本書では、文書作成ソフトウェア、表計算ソフトウェア、プレゼンテーションソフトウェアについて学習をしてきた。

　本節では、これらのソフトウェアを個別に利用するだけではなく、それぞれのデータを統合して複合的に活用し、よりよいプレゼンテーション資料を作成するためのスキルを身につけていく。

＜複合問題１＞

Wordで作成したデータをPowerPointに貼り付けて活用しよう

（保存ファイル名：データの活用）

　プレゼンテーションでは、スライドショーをスライドウェアであるPowerPointで作成し、印刷用資料をWordで作成することもある。Wordで作成した資料がすでに完成していて、その内容をスライドに活用したい場合には、PowerPointのスライドに読み込むことができる。

　同じ内容を何度も入力することなく、データを活用する方法を身につけよう。

〈準備〉

次の内容を、Wordで入力し、ファイルを保存しよう。

プレゼンテーションのつくりかた
- 目的を明確にする
- ストーリーを考える
- 必要な情報を集める
- 図解化する
- カラー化する
- 表やグラフを活用する
- イラスト・写真の挿入
- アニメーションの設定
- フィードバックとブラッシュアップ
- 徹底したリハーサル
- 熱意を持ったプレゼンテーション
- 誠実な質疑応答

〈完成例〉

プレゼンテーションのつくりかた
- 目的を明確にする
- ストーリーを考える
- 必要な情報を集める
- 図解化する
- カラー化する
- 表やグラフを活用する
- イラスト・写真の挿入
- アニメーションの設定
- フィードバックとブラッシュアップ
- 徹底したリハーサル
- 熱意を持ったプレゼンテーション
- 誠実な質疑応答

▶▶ 手順

1. Wordファイルの読み込み

　[挿入]タブの 新しいスライド クリックし、「アウトラインからスライド」を選択して、Wordファイルを選択する。

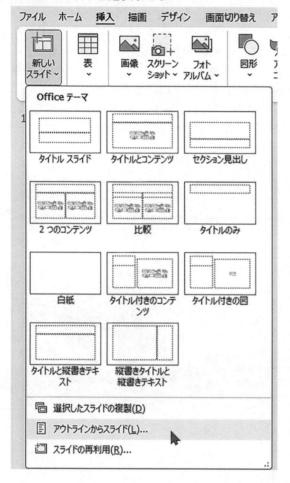

2. 体裁を整える

　WordファイルをPowerPointに読み込んだ場合には、Wordで設定したフォントなどの装飾がそのまま反映されることがある。読み込んだ後に、PowerPoint上で、フォントの種類やサイズ、インデントの位置などを変更して、体裁を整える。

<変更前>

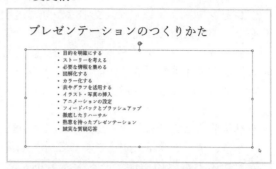

Wordファイルからデータをコピー&ペーストする方法

　Wordで設定した装飾を反映せずにPowerPointに貼り付ける時には[テキストのみを保持]オプションを選択する。

（1）Wordファイルを開き、スライドにコピーしたい内容を選択し、コピーする。

（2）PowerPointで、[ホーム]タブの[貼り付け]の ✓ アイコンを選択する。

（3）[テキストのみを保持]のアイコンをクリックする。

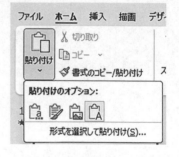

※この方法は、Wordで作成した文書をコピーしたいときだけではなく、他のPowerPointのファイルからデータをコピー&ペーストしたいときや、インターネット上のデータなどをPowerPointやWord・Excelといったソフトウェアに貼り付けて活用したいときにも利用できる。

<複合問題2＞

PowerPointのスライドに貼り付けた画像を加工しよう

（保存ファイル名：画像の加工）

　プレゼンテーションでは、文字ばかりで説明するよりも、写真や画像を大きく提示して説明をしたほうが効果的な場面もある。

　スマートフォンやデジタルカメラで撮影した画像や動画のデータは、高画質で画素数やファイルの記憶容量が非常に大きい。スライドショーを実行する際に、大きなサイズの画像を使っていると、スムーズにデータが表示できない場合がある。

　プレゼンテーションを実施するときには、このようなトラブルは避けたい。サイズの大きなデータを利用するときには、データサイズを圧縮しておくと効果的である。ただし、圧縮された画像データは、データサイズが小さくなる分、画像の品質も低下することに注意が必要である。

　また、もともとの画像データを部分的に表示したい場合には、トリミングを行う。さらに、PowerPointをはじめとするOfficeソフトでは、画像の枠に飾りをつけるなどの加工を簡単に行うことができる。

〈例〉

▶▶ 手順

1．画像の挿入

［挿入］タブの 画像 をクリックし、画像の挿入元を選択する。

※このデバイス：利用しているコンピュータや自身のクラウドに保存された画像を選択する。

※オンライン画像：インターネット上に公開されている画像を検索し、選択する。利用に際しては、著作権などの知的財産権に注意を払う必要がある。

2．画像のトリミング

スライドに貼り付けた画像の必要な部分のみを切り出す場合に、画像のトリミングを行う。

手順1：トリミングしたい画像をクリックする。

手順2：［図の形式］タブの トリミング をクリックする。

手順3：画像の上下左右と四隅に黒いガイドが表示されるので、切り出したい部分へドラッグする。

※「図形に合わせてトリミング」を選択すると、画像を図形の形に切り出すことができる。

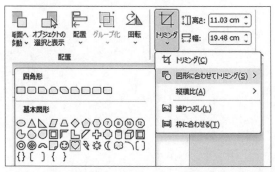

3．画像の圧縮

貼り付けた画像のファイルサイズを小さくするために、画像を圧縮する。

手順1：圧縮したい画像をクリックする。

手順2：［図の形式］タブの 図の圧縮 をクリックする。

手順3：［画像の圧縮］ダイアログボックスが表示される。適切なオプションを選択し、［OK］ボタンをクリックする。

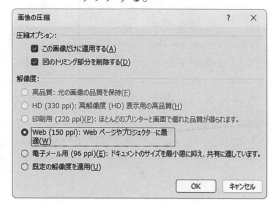

4．画像の加工

貼り付けた画像にフレームをつけるなどの加工が簡単にできる。

手順1：加工したい画像をクリックする。

手順2：［図の形式］タブの「図のスタイル」から、適切なスタイルを選択し、クリックする。

※これらの手順は、PowerPointのほか、WordやExcelといったMicrosoft社のOfficeソフトウェアでもほぼ同様に活用できる。

<複合問題３>

スライドウェアのスライドに、表計算ソフトウェアで作成した表を挿入しよう

（保存ファイル名：表の挿入）

　具体的な数値を提示することで、説得力のあるプレゼンテーションを行うことができる。表はこうしたデータを整理して示すことに適している。
　PowerPointでは、あらかじめExcelやWordで作成した表をスライドに挿入することができる。

〈完成例〉

あるテーマパークの入場者数の推移（単位：万人）

年度	2016年	2017年	2018年	2019年	2020年
ムービーズランド	1,420	1,400	1,430	1,450	490
ドリームスタジオ	1,650	1,620	1,700	1,791	416
マジックオーシャン	1,300	1,300	780	1,465	340
ワールドパーク	200	200	200	200	100
レールウェイミュージアム	120	120	120	120	70

▶▶ 手順

１．Excelの表の選択

手順１：Excelを起動し、貼り付けたい表が保存されているファイルを開く。

手順２：貼り付けたい表を選択し、［ホーム］タブの コピー アイコンをクリックする。

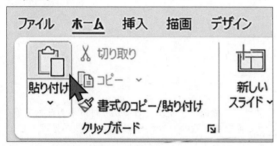

２．PowerPointに貼り付ける

PowerPointで、表を貼り付けたいスライドを選択し、［ホーム］タブの 貼り付け をクリックする。

３．体裁を整える

手順１：貼り付けた表の大きさやフォントサイズを調整する。

〈変更前〉

〈表の大きさ、フォントサイズの変更後〉

あるテーマパークの入場者数の推移（単位：万人）					
年度	2016年	2017年	2018年	2019年	2020年
ムービーズランド	1,420	1,400	1,430	1,450	490
ドリームスタジオ	1,650	1,620	1,700	1,791	416
マジックオーシャン	1,300	1,300	780	1,465	340
ワールドパーク	200	200	200	200	100
レールウェイミュージアム	120	120	120	120	70

手順２：貼り付けた表のデザインを変更する。表をクリックし、表ツールの［デザイン］リボンの表のスタイルから、適切なものを選択する。

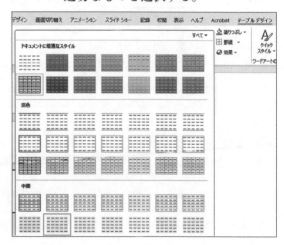

〈デザインの変更後〉

あるテーマパークの入場者数の推移（単位：万人）					
年度	2016年	2017年	2018年	2019年	2020年
ムービーズランド	1,420	1,400	1,430	1,450	490
ドリームスタジオ	1,650	1,620	1,700	1,791	416
マジックオーシャン	1,300	1,300	780	1,465	340
ワールドパーク	200	200	200	200	100
レールウェイミュージアム	120	120	120	120	70

<table>
<tr><td>＜複合問題４＞
PowerPointのスライドに、Excelで作成したグラフを挿入しよう
（保存ファイル名：グラフの挿入）</td></tr>
</table>

　人間は、外から受ける情報のうち、視覚からの情報がおよそ８割を占めているといわれている。数値を利用したデータをプレゼンテーションのスライドに示す場合、複合問題３のように表を挿入する方法のほかに、グラフを挿入する方法がある。

　数値データをグラフにして提示することで、数値データから読み取れる傾向を視覚的に示すことができ、よりわかりやすいプレゼンテーションになる。

〈完成例〉

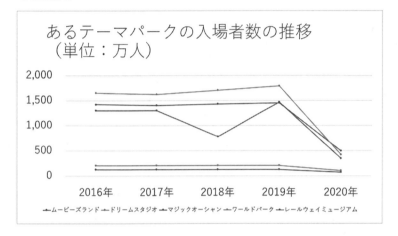

※複合問題３・４の方法の他に、表として作成したデータや、グラフを画像ファイルとして貼り付ける方法もある。図として貼り付ける場合は、データの変更をPowerPointではできなくなるので、ケースによって使い分けましょう。

　例えば、Excelで作成したグラフを図としてPowerPointに貼り付ける場合には、Excelの［ホーム］タブの［コピー］のプルダウンメニューから「図としてコピー」を選択し、図のコピーダイアログボックスで表示・形式等を設定し、ＯＫボタンをクリックします。その後、PowerPointで貼り付けを行います。

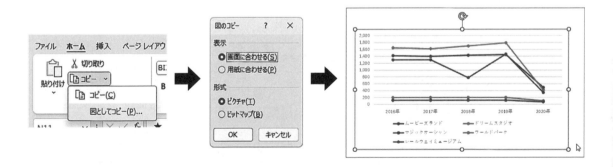

▶▶ 手順

1．Excelのグラフの選択

手順1：Excelを起動し、貼り付けたいグラフが保存されているファイルを開く。

手順2：貼り付けたいグラフを選択し、Excelの［ホーム］タブの コピー をクリックする。

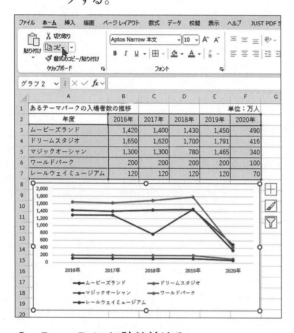

2．PowerPointに貼り付ける

PowerPointでグラフを貼り付けたいスライドを選択し、［ホーム］タブの 貼り付け をクリックする。

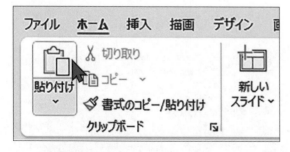

3．体裁を整える

貼り付けたグラフの大きさやフォントサイズを調整する。

〈変更前〉

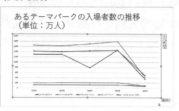

〈グラフの大きさ、フォントサイズの変更後〉

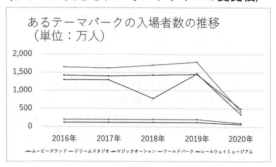

4．PowerPointに貼り付ける

グラフをクリックし、［グラフのデザイン］タブの グラフの種類の変更 クリックし、「グラフの種類の変更」ダイアログボックスから適切なグラフを選択する。

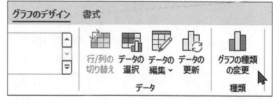

第3節　確認問題

＜確認問題1＞

あなたは、卒業旅行の旅行プランを考え、一緒に旅行に出かけるメンバーの前でプレゼンテーションをするための資料を作成することになりました。スライドウェアを利用して、スライドを作成しましょう。

（保存ファイル名：卒業旅行の提案）

〈旅行プランの概要〉

1．タイトルスライド

　　旅行先が魅力的に感じるキャッチコピーをタイトルにしましょう。

2．旅行プランの条件を確認しましょう

　　（例）　①　3泊4日以内

　　　　　②　一人あたりの予算は¥35,000以内とする

　　　　　③　大阪発着である

　　　　　④　高校生最後の友人たちとの思い出づくりを重視したい

3．旅行のコンセプト

　　（例）　①　1日目、最終日が移動だけにならない

　　　　　②　おいしい食事が食べられる

　　　　　③　写真映えする撮影スポットがある

4．旅行プランの概要

　　（例）　①　名古屋を中心とした3泊4日

　　　　　②　一人あたり¥30,000

　　　　　③　テーマパークで映画の世界へ

　　　　　④　エコとおしゃれを融合したスポットで宇宙船体験

　　　　　⑤　人気のキャラクターのスイーツチャレンジ

5．まとめ

〈完成例〉

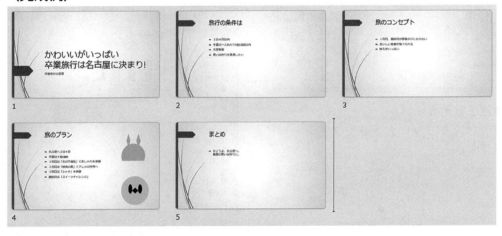

＜確認問題2＞

あなたのクラスでは、今後もよりよい人間関係を築いていくために、自分自身の個性や特徴を改めて見つめなおし、自己の理解を深めることを目的に、「わたしの取扱説明書」をテーマにプレゼンテーションを行うことになりました。次の条件にしたがってデータを作成し、プレゼンテーションを行いましょう。

（ファイル名：わたしの取扱説明書）

〈条件〉

1．スライドウェアを利用してプレゼンテーション資料を作成する。

2．スライドの枚数は問わないが、一人あたりの制限時間は3分〜3分30秒とする。

3．全体の構成のベースは次の通りとし、必要に応じて内容の追加や変更をしても構わない。

　　(ア)　表紙
　　(イ)　必要なこと
　　(ウ)　メンテナンス方法
　　(エ)　よくある質問
　　(オ)　故障かなと思ったら
　　(カ)　仕様
　　(キ)　裏表紙

4．イラストや写真を使用すること。

5．画像や文字、デザインなど、オーディエンスにとって見やすいスライドづくりを心がけること。

6．最初からスライドウェアを利用してデータを作り始めるのではなく、ノートなどを活用して、プレゼンテーションの構成を考えよう。

〈完成例〉

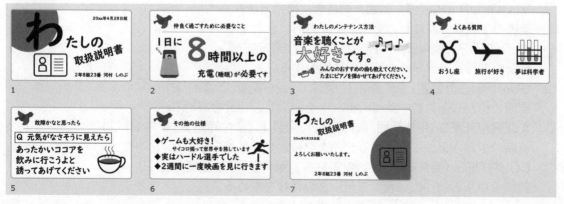

主な関数一覧

◎ SUM（範囲）または、SUM（数値１，数値２，…）
　指定した範囲または数値の合計を求める。

◎ AVERAGE（範囲）または、AVERAGE（数値１，数値２，…）
　指定した範囲または数値の平均を求める。

◎ MAX（範囲）または、MAX（数値１，数値２，…）
　指定した範囲または数値の最大値を求める。

◎ MIN（範囲）または、MIN（数値１，数値２，…）
　指定した範囲または数値の最小値を求める。

◎ IF（論理式，真の場合，偽の場合）
　条件を判定し、条件を満たしていれば「真」の値を、そうでなければ「偽」の値を表示する。

◎ COUNT（範囲）または、COUNT（数値１，数値２，…）
　指定した範囲または数値にある数値データの件数を求める。

◎ COUNTA（範囲）または、COUNTA（数値１，数値２，…）
　指定した範囲または数値にあるすべてのデータの件数を求める。

◎ ROUND（数値，桁数）
　数値を四捨五入し、指定した桁数で表示する。

◎ ROUNDUP（数値，桁数）
　数値を指定した桁数に切り上げる。

◎ ROUNDDOWN（数値，桁数）
　数値を指定した桁数に切り捨てる。

◎ RANK（数値，参照，[順序]）　　Excel2010以降はRANK.EQ関数
　数値が範囲の中で何番目に大きいか（小さいか）順位をつける。

◎ LEFT（文字列，文字数）
　文字列の左端から指定した文字列の文字を抽出する。

◎ RIGHT（文字列，文字数）
　文字列の右端から指定した文字列の文字を抽出する。

◎ TODAY（）
　現在の日付のシリアル値を求める。

◎ VLOOKUP（検索値，範囲，列番号，検索方法）
　範囲の１列目（左端）のデータを縦方向に検索する。

◎ HLOOKUP（検索値，範囲，行番号，検索方法）
　範囲の１行目のデータを横方向に検索する。

◎ SUMIFS(合計範囲, 条件範囲１, 条件１, [条件範囲２, 条件２], …)
　範囲の中から条件に一致するデータを検索し、合計を求める。

◎ AVERAGEIFS（平均範囲, 条件範囲１, 条件１, [条件範囲２, 条件２], …)
　範囲の中から条件に一致するデータを検索し、平均を求める。

◎ COUNTIFS（条件範囲１, 検索条件１, [条件範囲２, 検索条件２],…)
　範囲の中から条件に一致するデータの件数を求める。

［コンピュータ 入力問題集］

第4版

（解答編）

第2章　文書作成

第2節　文書作成問題　練習問題3〜17 ……… 2

　　　　作成問題1、2 ………………………… 17

第3章　表作成

第1節　初級基本問題1〜6 ……………… 19

第2節　初級練習問題1〜7 ……………… 25

　　　　作成問題1〜4 ………………… 32

第3節　中級基本問題1〜5 ……………… 36

第4節　中級練習問題1〜8 ……………… 41

第4章　プレゼンテーション

第3節　確認問題1〜2 ………………… 50

†関連ファイルはWeb（https://www.nichibun-g.co.jp/）
よりダウンロードできます。

日本文教出版

練習問題 3† 　解答 　（38ページ）

入発第１０２号
令和９年１２月３日

山上南東総合高等学校
　進路指導部　今尾　明子　様

東京都葛飾区亀有１２－４
ＮＥＴキャッスル大学
入試課長　黒木　清三郎

一 般 入 試 対 策 講 座

拝啓　貴校ますますご発展のこととお喜び申し上げます。

　さて、このたび本校では、受験生を対象に下記の対策講座を実施いたします。過去の入試問題をもとに、出題傾向や直前の勉強方法についてわかりやすく解説いたします。講座終了後は、個別相談会も予定しております。

　つきましては、同封の資料をご覧いただき、ＷＥＢからお申し込みくださいますようお願い申し上げます。

敬　具

記

実施日	講　　座	所要時間
１２月２４日	直前対策試験と解説	８０分
１２月２５日	英作文対策講座	６０分

以　上

練習問題 4[†]　解答　（39ページ）

企発第５１６号

令和８年７月２８日

ファンシーショップ豊島

　　代表　豊島　玉五郎　様

米原市万願寺西３−８−１

キリトリマウス株式会社

企画部長　大畑　ひとみ

工作教室の実施について

拝啓　貴社ますますご清栄のこととお慶び申し上げます。

　さて、毎年好評の夏休み工作教室を、下記のとおり実施します。例年通り、低学年向けには、牛乳パックや紙粘上を使った貯金箱の作成を実施します。中学年、高学年向けには、電子部品を組み合わせたロボット制作を予定しています。

　つきましては、お客様に同封のチラシをお渡しいただき、ご紹介くださいますようお願い申し上げます。

敬　具

記

対　　　象	内　　　容	募集人数
低 学 年 向 け	オリジナル貯金箱作り	６０名
中・高学年向け	ロ ボ ッ ト 制 作	１５名

以　上

練習問題 5[†]　　解答　　（40ページ）

小デ研発第７６号

令和９年６月１日

東旭川実業高等学校

　校長　北村　文彦　様

小樽市富岡３－５

　小樽デザイン教育研究所

　　入試広報課長　塩見　洋介

オ　ー　プ　ン　キ　ャ　ン　パ　ス　の　ご　案　内

拝啓　貴校ますますご清栄のこととお喜び申しあげます。

　さて、このたび本校では、高校生を対象にオープンキャンパスを実施いたします。先進的な技術を体験していただき、進路を決定するきっかけとしていただければと考えております。

　つきましては、生徒の皆様に同封の学校案内を配付いただき、ご紹介のほどよろしくお願い申しあげます。

敬　具

記

日　　程	講　座　内　容	開 始 時 刻
７月２１日	タブレットを利用したロゴ作成	９：００
７月３１日	スマートフォンで動画撮影・編集	１４：００

以　　上

練習問題 6[†]　解答　　（41ページ）

総発第４２６号

令和１１年１０月７日

株式会社　ヒューマンサイエンス
　営業部長　辻部　宏美　様

宇和島市新町１－９
　　きさいや物産株式会社
　　　総務部長　富士　真里

<u>職員研修講師派遣の依頼について</u>

拝啓　貴社ますますご清栄のこととお喜び申し上げます。
　さて、弊社では今年度より職員研修の充実を計画しております。社員の技術向上や知識の深化を図ることを目的に、次の内容で実施いたします。
　つきましては、同封の資料にて詳細をご確認いただき、講師を派遣してくださいますようお願い申し上げます。

敬　具

記

日　程	講　座　内　容	参加者数
１１月３日	ビジネスコーチング研修	３５名
１２月２日	メールコミュニケーション研修	１２０名

以　上

練習問題 7† 解答 （42ページ）

仕発第３６号

令和９年３月９日

北極産業株式会社

　営業部長　堀内　誠一　様

大阪市大正区鶴町３－７

鹿児島食品株式会社

仕入部長　西田　良彦

商品見積もりのお願い

拝啓　貴社ますますご隆盛のこととお喜び申し上げます。

　さて、弊社では来る７月１日より、産地直送物産展を開催いたします。お客様に喜んでいただける良質でリーズナブルな商品を多数取り揃え、多数のお客様の来店を見込んでおります。

　つきましては、次の商品について見積もりをお願いいたします。なお、ご多忙のところ大変恐縮ですが、３月３１日までにご回答くださいますようお願い申し上げます。

敬　具

記

商　品　名	内容量	注文予定数
さつま芋のしっとりタルト	６個入り	１，０００個
ホッキョクグマのかき氷	５００ｍｌ	４００個

以　上

練習問題 8[†]　解答　　（43ページ）

ポ高発第６３２号
令和７年７月７日

浜風産業株式会社
　代表取締役社長　藤井　明　様

神戸市中央区港島９－９
ポートアイランド高等学校
校長　長谷川　隆一朗

創立３０周年記念式典のご案内

拝啓　貴社ますますご発展のこととお喜び申し上げます。

　さて、このたび本校は、来る１１月２日をもちまして、創立３０周年を迎えることになりました。これも御社をはじめ、皆様のご支援の賜物と心からお礼申し上げます。

　つきましては、次のとおり記念式典を催したいと存じます。ご多忙のところ誠に恐縮でございますが、なにとぞご臨席を賜りますようお願い申し上げます。

敬　具

記

記　念　行　事	会　　場	時　間
創立３０周年記念式典	本校アリーナ	１０時～１２時
祝　　賀　　会	三ノ宮駅前ホテル	１４時～１６時

以　上

練習問題 9† 解答　　(44ページ)

総第２３９号
令和９年９月１５日

ＯＫＡＺＡＫＩ総合株式会社
　営業部長　岡崎　はると　様

宇都宮市富士見が丘３－８－１
サンライオン株式会社
総務部長　高木　洋平

リ ニ ュ ー ア ル セ ー ル の お 知 ら せ

拝啓　貴社ますますご隆盛のこととお喜び申し上げます。平素は格別のご高配を賜り、厚く御礼申し上げます。

　さて、このたび弊社の駅前店では、店舗改装工事が無事に終わりました。それに伴い、１０月８日～１０日までの３日間、リニューアルオープンを記念し、セールを開催いたします。

　つきましては、下記の商品を数量限定ではありますが、特別価格にてご提供いたします。皆様お誘いあわせの上、ご来店くださいますよう、お願い申し上げます。　　　　　　　　　　　敬　具

記

商　品　名	特　　　　徴	数　量
クッキーアソート	紫芋とおからのクッキー	１００個
焼き菓子セットＡ	無農薬の果物を使用	５０個

以　上

練習問題10† 解答　(45ページ)

販発第１００号

令和１０年６月３日

株式会社ティー・ケイ・エムファクトリー

　営業部長　手塚山　貫太　様

水戸市中央８丁目９番２号

かえるハーモニー株式会社

販売部長　駒岸　桃奈

商品の注文について

拝啓　貴社ますますご隆盛のこととお喜び申し上げます。

　さて、先日の新商品発表会において、商品特徴の説明および実演を拝見させていただき、ありがとうございました。社内で検討を重ねました結果、８月より店頭およびオンラインショップにおいて販売することを決定いたしました。

　つきましては、下記のとおり注文いたしますので、７月２５日までに納入いただきたく、お願い申し上げます。　　　敬　具

記

商品コード	商　品　名	発注数量
ＡＧＴ－０３８	アコースティックギター	６本
ＶＮ－０７０８	クリアボディヴァイオリン	３丁

以　上

健康体操のご案内

　東山スポーツ大学では、週に2回、1時間の健康体操講座を企画しました。自宅にいる時間が長くなったと感じている皆さん、近所の方をお誘い合わせの上、ぜひご参加ください。

講座内容

講座名	内　　　容	実施日	会　場
ラジオ体操第二	短時間で行う効果的な全身運動	平日	総合運動場
ストレッチ体操	椅子を使った簡単なストレッチ		第2体育館
リ ズ ム 運 動	頭と体を刺激するハードな運動	毎週土曜日	

◇　動きやすい服装で、タオルや水分をご持参ください。

◇　お問い合わせ先：０９０－００００－１１１１

参加費

区　分	1講座／月額	フリーパス／月額
小・中・高校生	3,000円	7,000円
大人（大学生以上）	4,500円	

※　体験の方は、 無料で参加 できます。

※　フリーパス料金は、3つの講座すべてに参加いただけます。

担当：藤原　順子

子ども会交流イベントのお知らせ

　今年も西商店街では、地域子ども会交流イベントを<u>9月1日（日）</u>に開催いたします。小学生から高校生まで、年齢・性別を問わず、多くの子どもたちの参加をお待ちしています。

イベント一覧

イベント名	内　　容	集合場所	定員
推 理 ゲ ー ム	3人1組で謎解き迷路にチャレンジ	商店街会館	60名
宝探しゲーム	商店街に隠された20の宝探し		50名
大 縄 跳 び	10人1組で大縄60秒勝負	西山スクエア	

　※　動きやすい服装での参加をお願いいたします。

担当：金田　智子

- - - - - - - - - - - - - き り と り - - - - - - - - - - - - -

交流イベント申込書

推理ゲーム・宝探しゲーム・大縄跳び（イベント名を〇で囲む）	
参 加 者 氏 名	
学年・クラス	

◎　申込期限　8月20日〜8月30日

◎　当日、保護者の方の付き添いをお願いいたします。

練習問題13† 解答 （48～49ページ）

歳末特別セールのご案内

　このたび弊社では、ゴールド会員様を対象に日頃の感謝の気持ちを込めて、特別ご優待セールを開催いたします。人気商品を特別セットにして販売いたします。この機会に、ぜひご賞味くださいますようお願いいたします。

【セット内容】

商　品	内　　　　容	販売数量	価　格
夕食のおかずに	人気の肉餃子といか焼売をセットに	３０個	1,200円
お味見うどん３種	具材の違う鍋焼きうどんを３種類	５０個	
練り物セット	そのまま食べてもおでんの具材にも		980円

　※　セット内容の詳細は、店頭でご確認ください。

【オンライン販売】

商　品	税込価格	送料（全国一律）	
うどん６種食べ比べセット	2,500円	1,200円	
中華点心オードブル	3,900円		

　☆　人気商品につき、商品到着までお時間がかかる場合もございます。

　☆　ギフト用のＢＯＸ・紙袋は、別途料金が必要となります。

練習問題14[†]　解答　（50～51ページ）

　当教室では、寒い季節にぴったりなメニューの講座を開催いたします。ウインナーソーセージを使ったお手軽でおいしいメニューを体験しましょう。

【講座一覧】

教　室　名	特　　徴	時　　間	募集人数
あつあつポトフ	野菜とともに煮込むだけ	17:30～20:00	16名
クリスマスオムレツ	野菜とタンパク質が充実	19:00～21:30	
も ち ピ ザ 講 座	残ったお餅のお助けレシピ		8名

◎　先着１００名様にお土産引換券をプレゼントします。

◎　かんたんお料理教室「じゃーまにー」　ＴＥＬ　６９－２３４０

担当：坂城原（サカキバル）　伸一

－－－－－－－－－－－－－　切 り 取 り －－－－－－－－－－－－

体験教室申込券

ポトフ・オムレツ・ピザ（希望の講座名を○で囲む）	
お　　名　　前	
フォトグラムアカウント名	

※　公式フォトグラムのＤＭからも申し込みできます。

※　申込期間　１１月１日～１１月２３日

カルチャースクールのご案内

　南区民センター2階の多目的ホールにて、今年度もカルチャースクールを開講します。各種のコンテストなどで入賞経験のある講師陣が、初心者から上級者までが満足できるレッスンを行います。

レッスン内容

講　座　名	内　　　　容	曜日	時　　　間
バ　　レ　　エ	レヴェランスから始まるレッスン	火・木	19時〜21時
話　　し　　方	アナウンサーと学ぶ話し方の基本	火・木	17時〜19時
ポートレート写真	モデル撮影を通して肖像写真を学ぶ	金	17時〜19時

　■　初回の講座は無料で体験できます。お気軽にご参加ください。

料金表

区　　分	登録料	月　　謝
高校生以下・65歳以上	3,000円	9,500円
一般（上記以外）	3,000円	14,500円

　● 　お問い合わせ　　電話　08-1592-9999

受付担当：杜夛(もりた)　みく

大都市の主要産業と付加価値額

　近年発表された経済統計データをもとに、大都市の主要産業と付加価値額をまとめました。

都　市　名	主　　　　要　　　　産　　　　業	付加価値額	割　合
サンパウロ	卸・小売業、情報通信業、医療・福祉	5,512	17.2
ニューヨーク	情報通信業、金融・保険業、研究・技術業	103,849	20.9
ロンドン	研究・技術業、金融・保険業、不動産業	7,079	10.7
ナイロビ	卸・小売業、情報通信業、建設業	8,562	12.5
シンガポール	卸・小売業、情報通信業	22,324	19.2
シドニー	卸・小売業、情報通信業、金融・保険業	7,152	18.8

単位　付加価値額：億円　割合：％

「卸・小売業」「情報通信業」「金融・保険業」はどの大都市においても主要産業となっています。ニューヨーク、ロンドンでは研究・技術業が主要産業になっているという特徴があります。

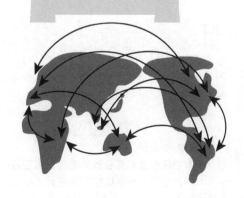

資料作成：英　広子
<small>はなふさ</small>

練習問題17† 解答例 （56〜57ページ）

紅葉スポットおすすめ7選

弊社では、過去のデータやＳＮＳの動向を分析し、おすすめの紅葉スポットの見頃と来場者数を予測し、次のようにまとめました。1番来場者数が多いと予想されたのは下鴨神社です。

場　　所	特　　徴	見　頃	来場者数
下　鴨　神　社	世界遺産の神社をつつみ込む色鮮やかな紅葉	１１月下旬	150,000
北　野　天　満　宮	展望所から眺める国宝御本殿と紅葉に注目	１２月上旬	140,000
長　　谷　　寺	さまざまな色に染まるグラデーションがおすすめ	１１月下旬	120,000
大　阪　城　公　園	天守閣と紅葉のコラボは外国の観光客にも人気	１１月下旬	110,000
明　治　神　宮　外　苑	イチョウ並木が立ち並ぶ景観美が最高	１２月上旬	90,000
八　甲　田　連　峰	ロープウェイから見渡す壮大な紅葉を満喫	１０月下旬	80,000
高　崎　山　動　物　園	紅葉がきれいな自然の中でニホンザルに会える	１１月下旬	60,000
		合　計	750,000

【単位：人】

紅葉の名所といわれる場所は、全国各地にたくさんあります。今回は、過去のデータとＳＮＳ等で話題の場所の中から７つに厳選し、おすすめしました。木々が鮮やかな赤や黄色に染まるその様子は、言葉にならない感動をもたらしてくれます。また、ライトアップされている場所もあり、昼とはまた違った表情を楽しむことができます。誰もが皆、その景色には魅了されるはず。ぜひ、今年の秋を楽しみませんか。

紅葉が美しい木

○イロハモミジ
日本で最もよく見られるモミジの王様。本州、四国、九州に広く分布している。
○イチョウ
鮮やかな黄色に紅葉することで知られている。排気ガスなどにも強いため、日本では街路樹としても植栽されている。

資料作成：岡上　仁心

回覧

南中吉1丁目町内会

第　　ブロック

年　　月　　日

連絡

_____

_____

_____

_____

回覧を受け取ったら、押印またはサインをして速やかに次に回してください。

手渡しできないときはポストなどへの投入は可です。

ポスト投入の場合は、なるべくインターホンなどでお知らせしてください。

回覧に何か問題があれば地区ブロック委員に連絡してください。

確認またはサイン

作成問題 2[†]　解答例　（59ページ）

総務課

社内懇親会のお知らせ

　みなさま、お仕事お疲れさまです。この度、以下の要領で懇親会を開催いたします。日頃の疲れをいやし、親睦を深める目的で開催させていただきます。ご多忙中かと思いますが、ご参加いただけますようよろしくお願いいたします。

記

日時　４月２５日　午後６時開宴（午後５時半から受付）

場所　バカーロ・ニチブン　　中野薬師駅前　情報ビル５階

会費　5000円　当日受付にて徴収させていただきます。

　課で取りまとめて、４／１９までに総務課楠原まで出欠をお知らせください。

以上

初級基本問題 1† 解答

（60ページ）

	A	B	C	D	E	F	G
1							
2		模擬試験結果一覧					
3							
4	教科	第1回	第2回	第3回	第4回	第5回	平均点
5	英語	92	85	78	70	85	82.0
6	数学	74	65	62	65	70	67.2
7	国語	89	86	90	79	81	85.0
8	理科	92	86	80	74	77	81.8
9	社会	78	67	60	50	69	64.8
10	合計点	425	389	370	338	382	
11	平均点	85.0	77.8	74.0	67.6	76.4	

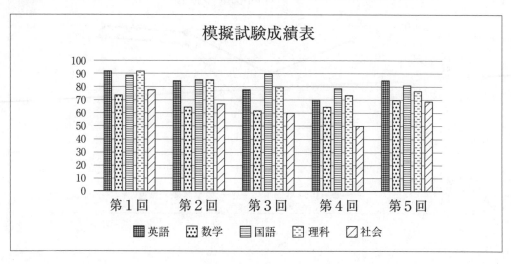

○数式

B10： =SUM(B5:B9)

B11： =AVERAGE(B5:B9)

G5： =AVERAGE(B5:F5)

グラフの範囲
A4～F9

初級基本問題 2† 解答 （62ページ）

	A	B	C	D	E	F	G	H
1								
2			リサイクル回収量の推移					
3								単位：トン
4	種類	2018年	2020年	2022年	2024年	平均	最大	最小
5	PETボトル	1,785	1,259	1,903	1,999	1,736.5	1,999	1,259
6	ガラス瓶　無色	525	351	1,719	1,827	1,105.5	1,827	351
7	ガラス瓶　茶色	－	152	844	908	634.7	908	152
8	ガラス瓶　その他	－	－	925	927	926.0	927	925
9	プラスチック	4,852	3,512	5,248	5,160	4,693.0	5,248	3,512
10	年別種目数	3	4	5	5			
11	全種目数	5						

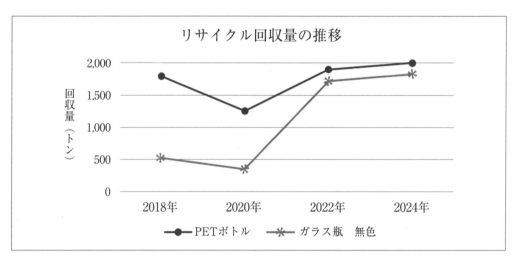

○数式

B10： =COUNT(B5:B9)

B11： =COUNTA(A5:A9)

F5： =AVERAGE(B5:E5)

G5： =MAX(B5:E5)

H5： =MIN(B5:E5)

> グラフの範囲
> A4〜E6

初級基本問題 3† 解答　　(64ページ)

	A	B	C	D	E	F	G
1							
2			1日の売り上げについて				
3							
4	具材	単価	税込価格	午前	午後	売上数	売上金額
5	梅	¥115	¥127	216	122	338	¥42,926
6	かつお	¥120	¥132	234	121	355	¥46,860
7	昆布	¥120	¥132	225	237	462	¥60,984
8	ツナマヨ	¥135	¥149	210	134	344	¥51,256
9	たらこ	¥160	¥176	156	298	454	¥79,904
10	鮭	¥150	¥165	247	133	380	¥62,700
11			合計	1,288	1,045	2,333	¥344,630

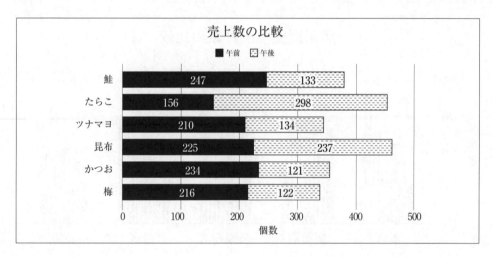

○数式

C5：　=ROUND(B5*1.1,0)

F5：　=D5+E5

G5：　=C5*F5

D11：　=SUM(D5:D10)

グラフの範囲
A4～A10とD4～E10

21

初級基本問題 4† 　　解答　　（66ページ）

	A	B	C	D	E	F	G	H	I
1									
2		各店舗のおでん売上数							
3									
4	店舗名	だいこん	こんにゃく	たまご	厚揚げ	ちくわ	牛すじ	最大	備考
5	本店	56	123	112	75	129	200	200	○
6	駅前店	135	120	126	150	146	58	150	
7	公園前店	107	54	133	88	139	188	188	○
8	西店	62	109	115	80	110	151	151	○
9	北店	60	90	104	96	101	143	143	
10	合計	420	496	590	489	625	740		
11	平均	84.0	99.2	118.0	97.8	125.0	148.0		

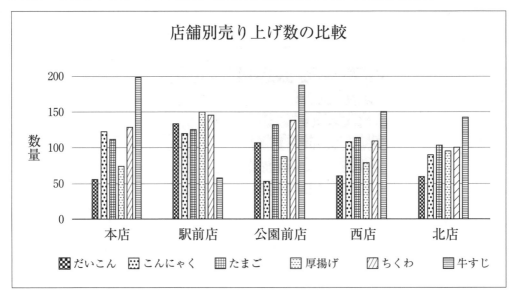

○数式

H5： =MAX(B5:G5)

I5： =IF(H5>150,"○","")

B10： =SUM(B5:B9)

B11： =AVERAGE(B5:B9)

グラフの範囲
A4～G9

初級基本問題5† 解答　　（68ページ）

	A	B	C	D	E	F	G	H	I	J	K
1											
2			1週間の入場者数の集計表								
3											
4	施設	月	火	水	木	金	土	日	週合計	構成比	順位
5	温泉施設	180	275	303	296	214	450	592	2,310	20.4%	2
6	動物園	276	278	303	305	243	690	610	2,705	23.9%	1
7	水族館	187	91	301	266	115	468	532	1,960	17.3%	5
8	BBQ	337	112	82	116	342	843	232	2,064	18.3%	4
9	アスレチック	264	198	239	270	94	660	540	2,265	20.0%	3
10	合計	1,244	954	1,228	1,253	1,008	3,111	2,506	11,304		

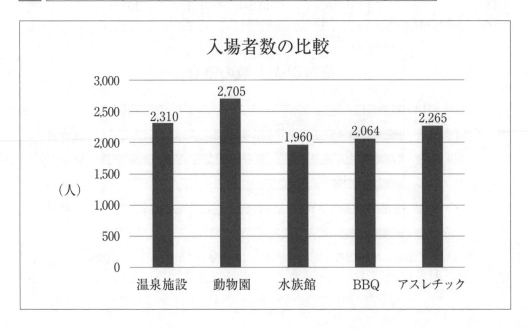

入場者数の比較

（人）

温泉施設 2,310　動物園 2,705　水族館 1,960　BBQ 2,064　アスレチック 2,265

○数式

I5：　=SUM(B5:H5)

J5：　=I5/$I$10

K5：　=RANK(I5,$I$5:$I$9,0)

別解　=RANK.EQ(I5,$I$5:$I$9,0)

B10：　=SUM(B5:B9)

グラフの範囲
A4〜A9とI4〜I9
または　A5〜A9とI5〜I9

初級基本問題 6† 解答 （70ページ）

	A	B	C	D	E	F
1						
2		売上推移報告書				
3					提出日：	○/○/○（日付）
4	種類	2021年	2022年	2023年	2024年	増減率（％）
5	文芸書	2,928	2,040	2,498	2,941	17.7
6	文庫	1,524	1,976	2,247	1,643	-26.9
7	ライトノベル	2,610	2,975	3,012	2,516	-16.5
8	児童書	942	1,296	1,512	1,671	10.5
9	学習参考書	1,460	1,754	1,351	1,512	11.9
10	その他	100	158	567	341	-39.9
11	合計	9,564	10,199	11,187	10,624	
12	文庫の割合（％）	15.9	19.4	20.1	15.5	

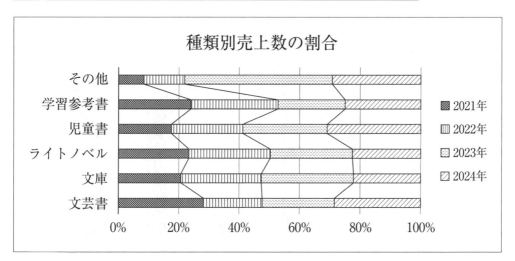

○数式

F3：　=TODAY()

F5：　=ROUND((E5-D5)/D5*100,1)

B11：　=SUM(B5:B10)

B12：　=ROUND(B6/B11*100,1)

グラフの範囲
A4～E10

初級練習問題 1 †　解答　（72ページ）

	A	B	C	D	E	F	G	H
1								
2			実力判定テストの結果一覧					
3								
4	科目	4月	7月	9月	11月	2月	平均点	評価
5	英語リーディング	59	99	68	70	77	74.6	
6	英語リスニング	93	88	76	78	90	85.0	○
7	国語	51	87	63	45	65	62.2	
8	数学	61	64	65	60	71	64.2	
9	理科	91	89	81	73	85	83.8	
10	社会	80	96	97	92	85	90.0	○
11	英・国・数	264	338	272	253	303		
12	合計点	435	523	450	418	473		
13	最高点	93	99	97	92	90		

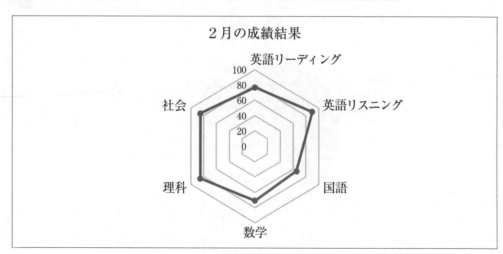

○数式

B11：　=SUM(B5:B8)

別解　　=B5+B6+B7+B8

B12：　=SUM(B5:B10)

B13：　=MAX(B5:B10)

G5：　=ROUND(AVERAGE(B5:F5),1)

H5：　=IF(G5>=85,"○","")

グラフの範囲
A4～A10とF4～F10
または　A5～A10とF5～F10

初級練習問題 2† 解答 （73ページ）

	A	B	C	D	E	F	G	H	I	J
1										
2		パン販売一覧表								
3										
4	種類	価格	割引価格	朝	昼	閉店前	売上数	売上金額	順位	廃棄
5	メロンパン	¥150	¥120	150	108	32	290	¥42,540	3	10
6	クリームパン	¥120	¥96	144	120	36	300	¥35,136	4	0
7	塩パン	¥100	¥80	100	135	56	291	¥27,980	5	9
8	フランスパン	¥350	¥280	88	146	40	274	¥93,100	2	26
9	食パン	¥500	¥400	95	81	120	296	¥136,000	1	4
10			合計	577	590	284	1,451	¥334,756		
11	種類数									
12	5									

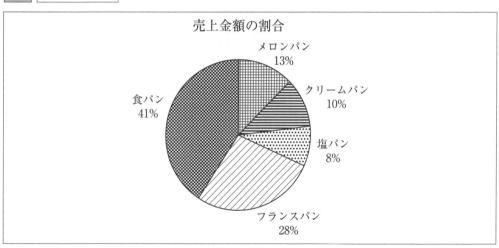

売上金額の割合

メロンパン 13%
クリームパン 10%
塩パン 8%
フランスパン 28%
食パン 41%

○数式

C5： =ROUND(B5*0.8,0)

G5： =SUM(D5:F5)

別解　　=D5＋E5＋F5

H5： =B5*(D5+E5)+C5*F5

I5： =RANK(H5,$H$5:$H$9,0)

別解　　=RANK.EQ(H5,$H$5:$H$9,0)

J5： =300-G5

D10： =SUM(D5:D9)

A12： =COUNTA(A5:A9)

> グラフの範囲
> A4〜A9とH4〜H9
> または　A5〜A9とH5〜H9

初級練習問題 3† 解答　　（74ページ）

	A	B	C	D	E	F	G
1							
2		世代別生活習慣アンケート（朝食について）					
3						報告日：	○/○/○（日付）
4		20代	30代	40代	50代	60代以上	20代の割合
5	毎日	48	75	121	165	175	24.0%
6	週5〜6日	55	71	54	25	10	27.5%
7	週3〜4日	52	38	10	3	10	26.0%
8	週1〜2日	32	5	8	5	5	16.0%
9	食べない	13	11	7	2	0	6.5%
10	合計	200	200	200	200	200	

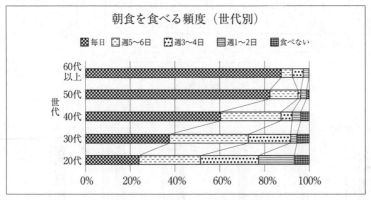

朝食を食べる頻度（世代別）

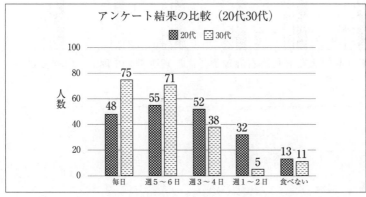

アンケート結果の比較（20代30代）

○数式

B10：　=SUM(B5:B9)

G5：　=ROUND(B5/$B$10,3)

G3：　=TODAY()

```
グラフの範囲
上　A4〜F9
下　A4〜C9
```

初級練習問題 4† 解答 （75ページ）

（75ページ）

	A	B	C	D	E	F	G	H	I	J	K
1											
2		三段跳び 記録会 結果表									
3									単位：m		
4	番号	出場者	ベスト	1回目	2回目	3回目	4回目	5回目	結果	順位	備考
5	1	田中　由紀	10.46	9.01	10.44	9.03	9.98	9.05	10.44	7	
6	2	山下　千咲	11.29	9.38	11.3	11.1	×	11.59	11.59	6	SB
7	3	大島　佳代	12.01	12.26	12.1	×	11.2	12.6	12.6	1	SB
8	4	石田　涼子	12.11	×	11.16	9.27	12.08	12.12	12.12	3	SB
9	5	佐藤　理沙	12.14	12.14	10.21	10.11	×	11.93	12.14	2	
10	6	上田　理子	12.21	9.92	11.13	11.57	11.6	11.29	11.6	5	
11	7	山本　優香	12.96	×	9.54	9.23	11.94	×	11.94	4	
12	出場者数	7	失格者数	2	0	1	2	1			

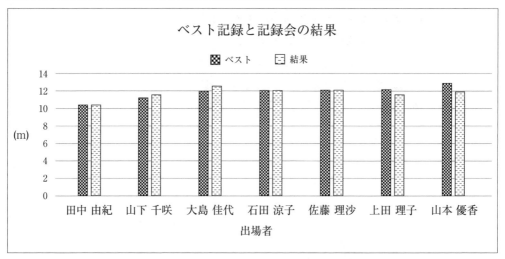

○数式

I5：　=MAX(D5:H5)

J5：　=RANK(I5,$I$5:$I$11,0)

別解　=RANK.EQ(I5,$I$5:$I$11,0)

K5：　=IF(I5>C5,"SB","")

B12：　=COUNTA(B5:B11)

D12：　=$B$12-COUNT(D5:D11)

グラフの範囲
B4～C11とI4～I11

初級練習問題 5† 解答　　（76ページ）

	A	B	C	D	E	F	G	H	I
1									
2		世界の人口　これまでの推移と今後の予測							
3								単位：百万人	
4		1960年	1980年	2000年	2010年	2020年	2030年	平均	伸び率
5	日本	93	117	127	128	126	116	117.8	-7.9%
6	アジア	1,700	2,638	3,714	4,170	4,664	4,959	3,640.8	6.3%
7	北アメリカ	194	254	314	344	374	393	312.2	5.1%
8	南アメリカ	220	362	527	600	652	698	509.8	7.1%
9	ヨーロッパ	606	693	726	735	746	737	707.2	-1.2%
10	アフリカ	284	483	814	1,044	1,361	1,711	949.5	25.7%
11	オセアニア	16	23	31	36	44	49	33.2	11.4%
12	合計	3,020	4,453	6,126	6,929	7,841	8,547		
13	日本の割合	3.1%	2.6%	2.1%	1.8%	1.6%	1.4%		

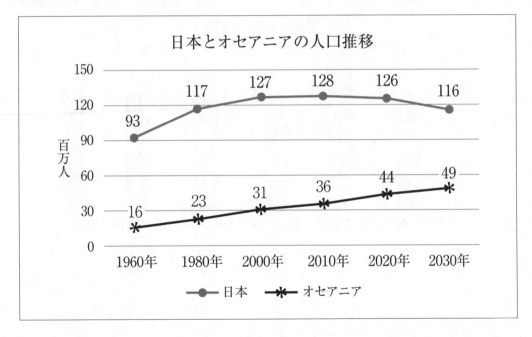

○数式

B12：　=SUM(B6:B11)

B13：　=ROUND(B5/B12,3)

H5：　=AVERAGE(B5:G5)

I5：　=ROUND(G5/F5-1,3)

グラフの範囲
A4〜G5とA11〜G11

初級練習問題6† 解答 （77ページ）

	A	B	C	D	E	F	G	H	I
1									
2		推薦入試結果一覧							
3								合格基準点	300
4	名前	資格取得	英語	国語	社会	面接	試験合計点	合計点	合否
5	朝日　真弓		58	81	83	70	292	292	不合格
6	奥村　敏彦	○	98	92	86	75	351	361	合格
7	小松　博文		60	59	49	78	246	246	不合格
8	高野　麻美	○	89	86	91	95	361	371	合格
9	田中　邦博		49	94	68	81	292	292	不合格
10	山本　拓也	○	83	76	81	68	308	318	合格
11		平均点	72.8	81.3	76.3	77.8	308.3	313.3	
12		最高点	98	94	91	95	361	371	

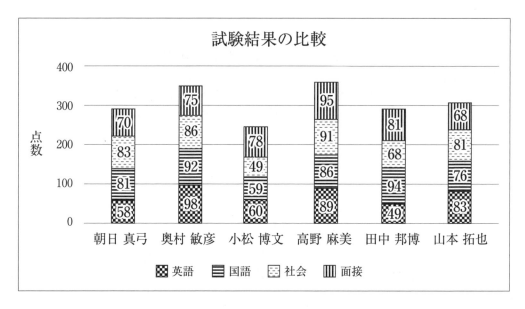

○数式

G5： =SUM(C5:F5)

別解 =C5+D5+E5+F5

H5： =IF(B5="○",G5+10,G5)

I5： =IF(H5>$I$3,"合格","不合格")

C11： =AVERAGE(C5:C10)

C12： =MAX(C5:C10)

グラフの範囲
A4～A10とC4～F10

初級練習問題 7† 解答 （78〜79ページ）

宿泊施設売上一覧表

1．ホテル、旅館 （人数）

施設名	宿泊料金	新料金	10月	11月	12月	1月	売上金額	平均者数
ホテルニュータワー	¥12,000	¥13,200	54	31	32	127	¥3,118,800	61.0
日文ホテル	¥9,800	¥10,780	77	64	175	132	¥4,691,260	112.0
ターミナル北館	¥6,500	¥7,150	167	181	71	81	¥3,348,800	125.0
富山旅館	¥12,000	¥13,200	27	12	120	137	¥3,860,400	74.0
旅館まうす	¥7,500	¥8,250	35	25	81	98	¥1,926,750	59.8
合計			360	313	479	575	¥16,946,010	
最大			167	181	175	137		
最小			27	12	32	81		
前月比			-	86.9%	153.0%	120.0%		

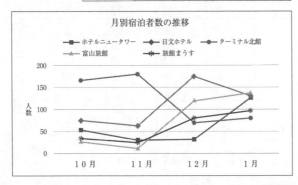

月別宿泊者数の推移

2．1棟貸宿泊施設 （組数）

施設名	宿泊料金	新料金	10月	11月	12月	1月	売上金額
丘の上古民家	¥70,000	¥84,000	10	12	20	18	¥4,732,000
森とともに	¥52,000	¥62,400	15	16	12	11	¥3,047,200
貸別荘きらら	¥26,000	¥31,200	8	6	15	21	¥1,487,200
合計			33	34	47	50	¥9,266,400

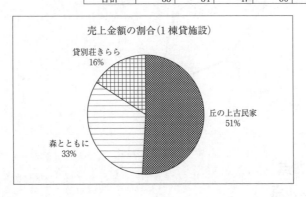

売上金額の割合（1棟貸施設）

○数式

```
C6 ：  =B6*1.1
H6 ：  =B6*(D6+E6)+C6*(F6+G6)
I6 ：  =ROUND(AVERAGE(D6:G6),1)
D11：  =SUM(D6:D10)
D12：  =MAX(D6:D10)
D13：  =MIN(D6:D10)
E14：  =E11/D11
C34：  =B34*1.2
H34：  =B34*(D34+E34)+C34*(F34+G34)
D37：  =SUM(D34:D36)
```

グラフの範囲
折れ線　A5〜A10とD5〜G10
円　　　A33〜A36とH33〜H36
または　A34〜A36とH34〜H36

作成問題1　解答例 （80ページ）

	A	B	C	D	E	F	G	H	I
1									
2		成績表一覧							
3									
4	番号	名前	英語	数学	国語	理科	社会	合計	順位
5	1	青木	88	95	69	60	84	396	3
6	2	石田	34	35	31	30	29	159	9
7	3	岡田	50	66	55	55	36	262	8
8	4	佐藤	71	87	73	89	81	401	2
9	5	鈴木	46	38	99	55	89	327	4
10	6	中田	51	68	64	61	60	304	5
11	7	西岡	58	59	53	51	57	278	6
12	8	広田	99	99	99	89	93	479	1
13	9	松本	29	20	21	29	39	138	10
14	10	若林	53	51	62	55	55	276	7
15		平均点	57.9	61.8	62.6	57.4	62.3	302.0	

鈴木さん成績表

（1）　広田　479点
（2）　国語　62.6点
（3）　バランス：レーダーチャート

作成問題 2　解答例　　（80ページ）

	A	B	C	D	E	F	G
1							
2		文化祭収支一覧					
3							
4	クラス	メニュー	値段	売上数	売上金額	材料費	利益
5	1組	ハンバーガー	¥200	202	¥40,400	¥10,000	¥30,400
6	2組	焼きそば	¥300	155	¥46,500	¥11,500	¥35,000
7	3組	かき氷	¥100	298	¥29,800	¥10,200	¥19,600
8	4組	クレープ	¥250	151	¥37,750	¥12,000	¥25,750
9	5組	おでん	¥350	108	¥37,800	¥25,000	¥12,800
10	6組	お好み焼き	¥400	153	¥61,200	¥19,000	¥42,200
11	7組	たこ焼き	¥200	300	¥60,000	¥10,000	¥50,000
12			合計	1,367	¥313,450	－	¥215,750

クラス別売上金額と利益の比較

（1）　6組　　¥61,200
（2）　7組　　¥50,000
（3）　比較：棒グラフ

作成問題 3　解答例　　（81ページ）

	A	B	C	D	E	F	G	H
1								
2		水泳大会の結果						
3								
4	名前	バタフライ	背泳ぎ	平泳ぎ	クロール	合計	順位	備考
5	大西　武志	31.5	38.4	35.6	29.4	134.9	5	
6	神田　一郎	30.9	35.6	35.8	28.5	130.8	3	○
7	近藤　雄太	32.5	34.7	34.6	29.2	131.0	4	
8	坂上　太郎	30.8	35.9	32.6	30.5	129.8	1	○
9	中林　翔太	31.9	33.7	35.2	29.6	130.4	2	○
10	平均	31.5	35.7	34.8	29.4	131.4		
11								

クロールのタイムの比較

タイム（秒）

縦軸目盛り: 27.5, 28.0, 28.5, 29.0, 29.5, 30.0, 30.5, 31.0

横軸: 大西 武志　神田 一郎　近藤 雄太　坂上 太郎　中林 翔太

（1）　坂上　太郎　　129.8秒

（2）　34.8秒

（3）　神田　一郎、坂上　太郎、中林　翔太

（4）　比較：棒グラフ

作成問題 4　解答例　（81ページ）

	A	B	C	D	E
1					
2		材料費一覧			
3					
4	材料	値段	割引価格	購入数	材料費
5	豚肉	¥250	¥200	21	¥4,200
6	牛肉	¥450	¥360	25	¥9,000
7	鶏肉	¥130	¥130	15	¥1,950
8	にんじん	¥100	¥100	10	¥1,000
9	じゃがいも	¥190	¥190	15	¥2,850
10	たまねぎ	¥190	¥190	12	¥2,280
11	米	¥4,490	¥4,490	3	¥13,470
12	カレールー	¥220	¥176	20	¥3,520
13	福神漬け	¥198	¥198	9	¥1,782
14				合計額	¥40,052
15				予算	¥50,000
16				残金	¥9,948

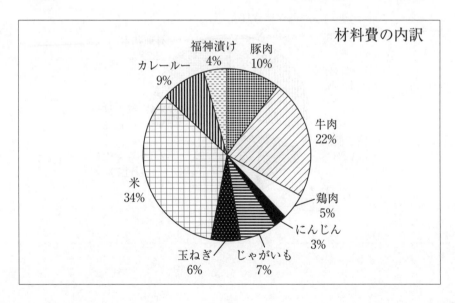

材料費の内訳

（1）　¥40,052

（2）　¥9,948

（3）　割合：円グラフ

中級基本問題 1† 解答　（82ページ）

	A	B	C	D	E	F	G	H	I	J
1										
2		市民講座集計一覧表								
3										
4	コースコード	コース名	区分	区分名	教室	費用	定員	応募人数	倍率	備考
5	K001-01	料理基本	K	料理	調理室	3,000	30	82	2.74	講座追加
6	K002-02	郷土料理	K	料理	調理室	3,000	30	15	0.50	○
7	K003-03	ケーキ作り	K	料理	調理室	3,000	30	42	1.40	抽選
8	C004-01	工作	C	工作	Sunルーム	1,500	50	54	1.08	抽選
9	C005-02	おりがみ	C	工作	Sunルーム	1,000	50	51	1.02	抽選
10	P006-01	検索機能	P	コンピュータ	PC室	500	35	15	0.43	○
11	P007-02	年賀状作成	P	コンピュータ	PC室	500	35	70	2.00	講座追加
12	P008-03	スマホ操作	P	コンピュータ	PC室	500	35	30	0.86	○
13										
14	コード表									
15	区分	区分名	教室							
16	K	料理	調理室							
17	C	工作	Sunルーム							
18	P	コンピュータ	PC室							

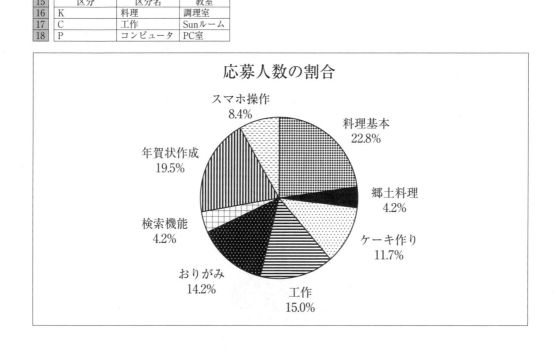

応募人数の割合

スマホ操作 8.4%
料理基本 22.8%
年賀状作成 19.5%
郷土料理 4.2%
検索機能 4.2%
ケーキ作り 11.7%
おりがみ 14.2%
工作 15.0%

○数式

C5 ：　=LEFT(A5,1)

D5 ：　=VLOOKUP(C5,$A$16:$C$18,2,FALSE)

別解　=VLOOKUP(C5,$A$16:$B$18,2,FALSE)

E5 ：　=VLOOKUP(C5,$A$16:$C$18,3,FALSE)

I5 ：　=ROUNDUP(H5/G5,2)

J5 ：　=IF(I5>=2,"講座追加",IF(I5>=1,"抽選","○"))

> グラフの範囲
>
> B4～B12とH4～H12
>
> または　B5～B12とH5～H12

中級基本問題 2† 解答　（84ページ）

	A	B	C	D	E	F	G	H
1								
2		推薦入試　結果一覧						
3								
4	受験番号	受験コード	氏名	コース名	筆記試験	実技試験	合計	判定
5	1001AR	AR	岩本　真理子	芸術コース	62	58	178	
6	1003AR	AR	桑原　哲郎	芸術コース	66	97	260	合格
7	1004CH	CH	鈴木　裕子	保育コース	51	92	235	
8	1005SP	SP	藤原　幸子	スポーツコース	65	64	193	
9	1006SP	SP	本田　次郎	スポーツコース	68	98	264	合格
10	1007AR	AR	山下　純子	芸術コース	94	91	276	合格
11	1008SP	SP	山本　太一	スポーツコース	67	49	165	
12	1009CH	CH	渡辺　真央	保育コース	78	78	234	合格
13								
14	コード表、結果集計							
15	受験コード	AR	CH	SP				
16	コース名	芸術コース	保育コース	スポーツコース				
17	筆記平均	74.0	64.5	66.7				
18	実技平均	82.0	85.0	70.3				
19	受験者数	3	2	3				

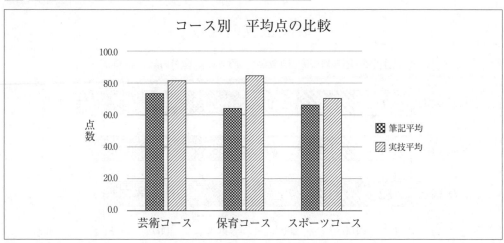

○数式

B5：　=RIGHT(A5,2)

D5：　=HLOOKUP(B5,$B$15:$D$16,2,FALSE)

G5：　=E5+F5*2

H5：　=IF(AND(E5>=65,G5>=200),"合格","")

B17：　=AVERAGEIFS($E$5:$E$12,$D$5:$D$12,B16)

別解　=AVERAGEIFS($E$5:$E$12,$B$5:$B$12,B15)

B18：　=AVERAGEIFS($F$5:$F$12,$D$5:$D$12,B16)

別解　=AVERAGEIFS($F$5:$F$12,$B$5:$B$12,B15)

B19：　=COUNTIFS($D$5:$D$12,B16)

別解　=COUNTIFS($B$5:$B$12,B15)

グラフの範囲
A16～D18

中級基本問題 3† 解答　　（86ページ）

	A	B	C	D	E	F	G	H	I	J	K
1											
2		実力テストの結果一覧									
3											
4	番号	氏名	国語	地歴公民	数学	理科	外国語	情報	合計	評価	順位
5	1	青木　純子	64	71	96	91	65	70	457	A	4
6	2	上野　則之	82	83	73	98	91	75	502	A	3
7	3	川島　裕子	89	96	79	98	74	87	523	A	2
8	4	木村　智子	55	39	70	45	70	35	314	B	7
9	5	田中　一馬	45	51	56	35	30	55	272	C	8
10	6	藤原　三郎	69	60	71	88	89	65	442	A	6
11	7	松田　洋平	60	67	70	93	73	91	454	A	5
12	8	山下　太郎	94	93	91	90	93	90	551	S	1
13		平均点	69.8	70.0	75.8	79.8	73.1	71.0	439.4		
14											
15		評価表									
16		合計点	評価	人数							
17		0	C	1							
18		300	B	1							
19		400	A	5							
20		550	S	1							

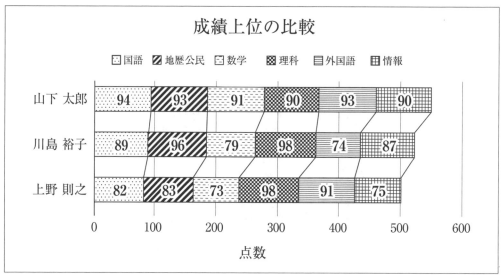

○数式

```
I5 ：    =SUM(C5:H5)
J5 ：    =VLOOKUP(I5,$B$17:$C$20,2,TRUE)
K5 ：    =RANK(I5,$I$5:$I$12,0)
別解     =RANK.EQ(I5,$I$5:$I$12,0)
C13 ：   =ROUND(AVERAGE(C5:C12),1)
D17 ：   =COUNTIFS($J$5:$J$12,C17)
```

> グラフの範囲
> B4～H4とB6～H7とB12～H12

中級基本問題 4† 解答　　(88ページ)

	A	B	C	D	E	F	G
1							
2		ご優待セール　売上一覧表					
3							
4	商品コード	イベント名	分類	価格	売上数	売上金額	順位
5	TK001-20	掃除機	生活家電	52,000	35	1,820,000	3
6	TK002-15	エアコン	生活家電	125,000	15	1,875,000	2
7	BE001-10	シャワーヘッド	美容	25,000	36	900,000	5
8	BE002-05	電動歯ブラシ	美容	65,000	13	845,000	6
9	CP001-10	タブレット	コンピュータ関連	75,000	24	1,800,000	4
10	CP002-20	デスクトップ型	コンピュータ関連	120,000	21	2,520,000	1
11	TK003-15	洗濯機	生活家電	11,000	12	132,000	8
12	CP003-10	外付けSSD	コンピュータ関連	12,000	47	564,000	7
13							
14	集計表						
15	分類コード	分類	売上数合計	売上金額合計	目標売上高	達成率	
16	TK	生活家電	62	3,827,000	1,000,000	382.7%	
17	BE	美容	49	1,745,000	8,000,000	21.8%	
18	CP	コンピュータ関連	92	4,884,000	20,000,000	24.4%	

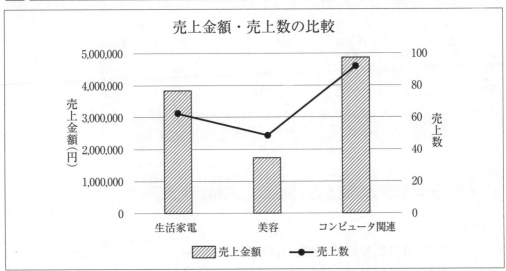

○数式

C5：　=VLOOKUP(LEFT(A5,2),$A$16:$B$18,2,FALSE)

F5：　=D5*E5

G5：　=RANK(F5,$F$5:$F$12,0)

別解　=RANK.EQ(F5,$F$5:$F$12,0)

C16：　=SUMIFS($E$5:$E$12,$C$5:$C$12,B16)

D16：　=SUMIFS($F$5:$F$12,$C$5:$C$12,B16)

F16：　=ROUND(D16/E16,3)

グラフの範囲
B15〜D18

中級基本問題 5[†]　解答　　（90ページ）

	A	B	C	D	E	F	G	H
1								
2		店舗別売上集計一覧表						
3								
4	日付	商品コード	店舗コード	商品名	店舗名	単価	数量	売上金額
5	10月1日	101	K	たこ焼き	北支店	350	126	44,100
6	10月1日	102	K	焼きそば	北支店	450	0	0
7	10月1日	103	H	おでん	本店	250	251	62,750
8	10月2日	101	K	たこ焼き	北支店	350	45	15,750
9	10月2日	101	E	たこ焼き	駅前店	350	52	18,200
10	10月2日	101	H	たこ焼き	本店	350	96	33,600
11	10月2日	102	K	焼きそば	北支店	450	0	0
12	10月3日	101	E	たこ焼き	駅前店	350	35	12,250
13	10月3日	102	H	焼きそば	本店	450	46	20,700
14	10月3日	102	K	焼きそば	北支店	450	75	33,750
15	10月3日	103	E	おでん	駅前店	250	12	3,000
16	10月3日	103	H	おでん	本店	250	150	37,500
17								
18	商品コード表				店舗コード表			
19	商品コード	商品名	単価		店舗コード	店舗名		
20	101	たこ焼き	350		K	北支店		
21	102	焼きそば	450		E	駅前店		
22	103	おでん	250		H	本店		
23								
24	合計 / 売上金額	列ラベル ▼						
25	行ラベル ▼	おでん	たこ焼き	焼きそば	総計			
26	駅前店	3,000	30,450	0	33,450			
27	北支店	0	59,850	33,750	93,600			
28	本店	100,250	33,600	20,700	154,550			
29	総計	103,250	123,900	54,450	281,600			

○数式

D5：　　=VLOOKUP(B5,$A$20:$C$22,2,FALSE)

　別解　　=VLOOKUP(B5,$A$20:$B$22,2,FALSE)

E5：　　=VLOOKUP(C5,$E$20:$F$22,2,FALSE)

F5：　　=VLOOKUP(B5,$A$20:$C$22,3,FALSE)

H5：　　=F5*G5

中級練習問題１† 解答　　(92ページ)

	A	B	C	D	E	F	G	H	I
1									
2		情報科入学試験成績一覧							
3									
4	受験番号	氏名	学校名	筆記試験	文書作成	表計算	合計得点	面接	結果
5	101	森本　祐介	東高校	98	90	95	283	85	
6	201	渡辺　裕子	西高校	96	100	81	277	90	合格
7	102	相田　桜	東高校	88	90	88	266	75	
8	401	田所　和弘	北高校	74	100	85	259	65	
9	202	橋本　さとし	西高校	81	95	78	254	95	合格
10	103	乾　智子	東高校	80	85	86	251	90	合格
11	301	太田　りさ	南高校	67	100	58	225	75	
12	204	上田　翔	西高校	92	60	73	225	70	
13	302	田村　健二	南高校	88	55	81	224	80	
14	104	大島　幸子	東高校	72	65	69	206	70	
15	303	西野　まさき	南高校	53	40	95	188	80	
16	203	土屋　春香	西高校	45	40	59	144	65	
17									
18	学校別集計表								
19	受験コード	学校名	合計得点の平均						
20	100	東高校	251.5						
21	200	西高校	225.0						
22	300	南高校	212.3						
23	400	北高校	259.0						
24									
25									
26									
27									
28									
29									

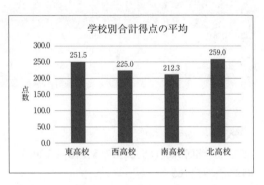

学校別合計得点の平均

○数式

C5： =VLOOKUP(A5,$A$20:$B$23,2,TRUE)

G5： =D5+E5+F5

別解 =SUM(D5:F5)

I5： =IF(AND(G5>250,H5>=90),"合格","")

C20： =ROUND(AVERAGEIFS($G$5:$G$16,$C$5:$C$16,B20),1)

> グラフの範囲
> B19〜C23　または　B20〜C23

中級練習問題 2† 解答 （93ページ）

	A	B	C	D	E	F	G	H	I	J	K
1											
2		仕事体験施設プレオープンご招待				大人	¥500	子供	¥2,500		
3											
4	受付順	日付	地区コード	子供会	代表者	大人	子供	合計人数	購入額		
5	1	9月28日	101	北区	伊藤 淳	1	3	4	¥8,000		
6	2	9月28日	102	北区	稲葉 德子	2	15	17	¥38,500		
7	3	9月28日	201	南区	加藤 彰浩	1	3	4	¥8,000		
8	4	9月28日	202	南区	角田 さやか	1	5	6	¥13,000		
9	5	9月29日	106	北区	山本 典子	1	3	4	¥8,000		
10	6	9月29日	305	その他	大山 明弘	5	55	60	¥140,000		
11	7	9月29日	304	その他	中山 正弘	10	25	35	¥67,500		
12	8	9月29日	107	北区	東原 崇志	1	4	5	¥10,500		
13	9	9月30日	205	南区	林 寛子	1	6	7	¥15,500		
14	10	9月30日	206	南区	林 創平	2	5	7	¥13,500		
15					合計	25	124	149	¥322,500		
16	コード表										
17	100	200	300								
18	北区	南区	その他								
19											
20	合計 / 合計人数	列ラベル▼					合計 / 購入額	列ラベル▼			
21	行ラベル ▼	その他	南区	北区	総計		行ラベル ▼	その他	南区	北区	総計
22	9月28日	0	10	21	31		9月28日	¥0	¥21,000	¥46,500	¥67,500
23	9月29日	95	0	9	104		9月29日	¥207,500	¥0	¥18,500	¥226,000
24	9月30日	0	14	0	14		9月30日	¥0	¥29,000	¥0	¥29,000
25	総計	95	24	30	149		総計	¥207,500	¥50,000	¥65,000	¥322,500

○数式

D5： =HLOOKUP(C5,$A$17:$C$18,2,TRUE)

H5： =F5+G5

I5： =$G$2*F5+$I$2*G5

E15： =SUM(F5:F14)

中級練習問題 3† 解答 （94ページ）

	A	B	C	D	E	F	G	H	I
1									
2		セール期間の売上一覧表					価格	¥600	
3									
4	取引先番号	支店名	地域コード	地域	数量	割引	送料	合計額	到着日
5	24T001	東北支店	T	東北	20	20%	¥900	¥10,500	3日後
6	24K002	関東支店	K	関東	8	5%	¥900	¥5,460	3日後
7	24C003	中部支店	C	中部	4	5%	¥900	¥3,180	3日後
8	24P004	大阪支店	P	近畿	9	5%	¥600	¥5,730	翌日着
9	24S005	岡山支店	S	中国・四国	10	10%	¥600	¥6,000	2日後
10	24P006	奈良支店	P	近畿	12	10%	¥600	¥7,080	翌日着
11	24K007	関東支店	K	関東	6	5%	¥900	¥4,320	3日後
12	24P008	京都支店	P	近畿	30	20%	¥600	¥15,000	翌日着
13	24S009	広島支店	S	中国・四国	1	5%	¥600	¥1,170	2日後
14									
15	配送表								
16	地域コード		T	K	C	P	S	K	O
17	地域		東北	関東	中部	近畿	中国・四国	九州	その他
18	送料		¥900	¥900	¥900	¥600	¥600	¥900	¥1,200
19	到着日		3日後	3日後	3日後	翌日着	2日後	2日後	5日後

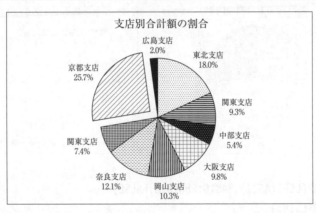

支店別合計額の割合

○数式

C5 : =MID(A5,3,1)

D5 : =HLOOKUP(C5,$B$16:$H$17,2,FALSE)

別解 =HLOOKUP(C5,$B$16:$H$19,2,FALSE)

F5 : =IF(E5>=20,0.2,IF(E5>=10,0.1,0.05))

G5 : =HLOOKUP(C5,$B$16:$H$18,3,FALSE)

別解 =HLOOKUP(C5,$B$16:$H$19,3,FALSE)

H5 : =$H$2*E5*(1-F5)+G5

I5 : =HLOOKUP(C5,$B$16:$H$19,4,FALSE)

> グラフの範囲
> B4〜B13とH4〜H13
> または B5〜B13とH5〜H13

中級練習問題 4† 解答 （95ページ）

	A	B	C	D	E	F	G	H	I	J	K
1											
2		キッチンカー売上ランキング									
3											
4	コード	料理	部門	価格	1日目	2日目	3日目	4日目	売上金額	ランキング	判定
5	D06	バナナクレープ	デザート	¥350	193	152	82	60	¥170,450	7	
6	N02	とんこつラーメン	麺類	¥650	471	472	407	100	¥942,500	1	賞金
7	N08	鍋焼きうどん	麺類	¥700	195	371	273	100	¥657,300	2	賞金
8	D09	パンケーキ	デザート	¥650	283	35	259	351	¥603,200	3	賞金
9	M04	唐揚げ	肉料理	¥450	471	173	163	195	¥450,900	4	賞金
10	D03	はちみつワッフル	デザート	¥150	274	472	264	265	¥191,250	6	
11	M01	焼き鳥3本セット	肉料理	¥700	173	174	67	50	¥324,800	5	
12	M05	ローストビーフ	肉料理	¥750	26	52	100	40	¥163,500	8	
13											
14	売上集計表										
15	部門コード	部門	売上金額								
16	M	肉料理	¥939,200								
17	N	麺類	¥1,599,800								
18	D	デザート	¥964,900								
19											
20											

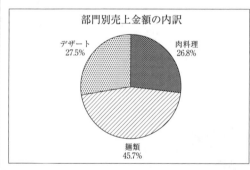

部門別売上金額の内訳

デザート 27.5%
肉料理 26.8%
麺類 45.7%

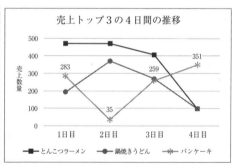

売上トップ3の4日間の推移

売上数量

283 / 259 / 351 / 35

1日目 2日目 3日目 4日目

―■― とんこつラーメン ―●― 鍋焼きうどん ―※― パンケーキ

○数式

C5： =VLOOKUP(LEFT(A5,1),$A$16:$B$18,2,FALSE)

I5： =D5*SUM(E5:H5)

別解 =D5*(E5+F5+G5+H5)

J5： =RANK(I5,$I$5:$I$12,0)

別解 =RANK.EQ(I5,$I$5:$I$12,0)

K5： =IF(OR(I5>=450000,J5<=3),"賞金","")

C16： =SUMIFS($I$5:$I$12,$C$5:$C$12,B16)

グラフの範囲

円グラフ：B15〜C18　または　B16〜C18

折れ線グラフ：B4とE4〜H4とB6〜B8とE6〜H8

中級練習問題 5† 　解答　　(96ページ)

	A	B	C	D	E	F	G	H	I	J
1										
2		メモリビジネスホテルの宿泊アンケート								
3										
4	代表者	宿泊コード	部屋のタイプ	アメニティ	設備	利便性	価格	評価	次回の特別価格	
5	林　創平	101-SI	シングル	6	5	6	5	☆	¥5,850	
6	佐々木　淳子	102-DO	ダブル	8	9	5	7	☆☆	¥8,100	
7	大山　明弘	103-SI	シングル	7	6	7	6	☆☆	¥5,850	
8	佐藤　信一	104-SI	シングル	8	7	8	10	☆☆☆	¥5,850	
9	酒井　彩	105-TW	ツイン	9	8	6	4	☆☆	¥10,800	
10	東原　崇志	106-DO	ダブル	8	9	9	8	☆☆☆	¥8,100	
11	伊藤　淳	107-TW	ツイン	10	10	8	7	☆☆☆	¥10,800	
12										
13	集計結果表									
14	宿泊コード	部屋のタイプ	税込価格	アメニティ	設備	利便性	価格	合計点	評価	評価数
15	SI	シングル	¥6,500	7.0	6.0	7.0	7.0	0	☆	1
16	DO	ダブル	¥9,000	8.0	9.0	7.0	7.5	25	☆☆	3
17	TW	ツイン	¥12,000	9.5	9.0	7.0	5.5	30	☆☆☆	3

アンケート結果の平均（部屋のタイプ別）

凡例: 値段　利便性　設備　アメニティ

○数式

C5： =VLOOKUP(RIGHT(B5,2),$A$15:$C$17,2,FALSE)

別解　=VLOOKUP(RIGHT(B5,2),$A$15:$B$17,2,FALSE)

H5： =VLOOKUP(SUM(D5:G5),$H$15:$I$17,2,TRUE)

I5： =VLOOKUP(RIGHT(B5,2),$A$15:$C$17,3,FALSE)*0.9

D15： =AVERAGEIFS($D$5:$D$11,$C$5:$C$11,B15)

E15： =AVERAGEIFS($E$5:$E$11,$C$5:$C$11,B15)

F15： =AVERAGEIFS($F$5:$F$11,$C$5:$C$11,B15)

G15： =AVERAGEIFS($G$5:$G$11,$C$5:$C$11,B15)

J15： =COUNTIFS($H$5:$H$11,I15)

グラフの範囲
B14〜B17とD14〜G17

中級練習問題 6† 解答 （97ページ）

	A	B	C	D	E	F	G	H	I	J	K
1											
2		イベントの売上集計一覧									
3											
4	日付	店舗コード	店舗	商品コード	商品	単価	数量	売上金額			
5	2月1日	A	東京	MA	抹茶	¥600	301	¥180,600			
6	2月1日	B	京都	CO	チョコレート	¥500	203	¥101,500			
7	2月1日	C	大阪	ST	いちご	¥600	130	¥78,000			
8	2月1日	D	福岡	CO	チョコレート	¥500	202	¥101,000			
9	2月2日	A	東京	MA	抹茶	¥600	274	¥164,400			
10	2月2日	B	京都	ST	いちご	¥600	183	¥109,800			
11	2月2日	D	福岡	CO	チョコレート	¥500	165	¥82,500			
12	2月3日	A	東京	ST	いちご	¥600	293	¥175,800			
13	2月3日	B	京都	MA	抹茶	¥600	401	¥240,600			
14	2月4日	A	東京	CO	チョコレート	¥500	203	¥101,500			
15	2月4日	D	福岡	MA	抹茶	¥600	496	¥297,600			
16											
17	店舗コード表			商品コード表							
18	店舗コード	店舗		商品コード	商品名	単価					
19	A	東京		MA	抹茶	¥600					
20	B	京都		CO	チョコレート	¥500					
21	C	大阪		ST	いちご	¥600					
22	D	福岡									
23											

	合計 / 売上金額	列ラベル▼					合計 / 売上金額	列ラベル▼			
25	行ラベル ▼	いちご	チョコレート	抹茶	総計		行ラベル ▼	いちご	チョコレート	抹茶	総計
26	京都	¥109,800	¥101,500	¥240,600	¥451,900		2月1日	¥78,000	¥202,500	¥180,600	¥461,100
27	大阪	¥78,000	¥0	¥0	¥78,000		2月2日	¥109,800	¥82,500	¥164,400	¥356,700
28	東京	¥175,800	¥101,500	¥345,000	¥622,300		2月3日	¥175,800	¥0	¥240,600	¥416,400
29	福岡	¥0	¥183,500	¥297,600	¥481,100		2月4日	¥0	¥101,500	¥297,600	¥399,100
30	総計	¥363,600	¥386,500	¥883,200	¥1,633,300		総計	¥363,600	¥386,500	¥883,200	¥1,633,300

○数式

C5： =VLOOKUP(B5,$A$19:$B$22,2,FALSE)

E5： =VLOOKUP(D5,$D$19:$F$21,2,FALSE)

別解 =VLOOKUP(D5,$D$19:$E$21,2,FALSE)

F5： =VLOOKUP(D5,$D$19:$F$21,3,FALSE)

H5： =F5*G5

中級練習問題 7† 解答　(98～99ページ)

	A	B	C	D	E	F
1						
2		3月の売上集計結果とその分析				
3						
4	1. 3月の売上集計					
5	商品コード	商品名	分類	単価	販売数	売上金額
6	CL-1	掃除機	生活家電	32,000	14	492,800
7	CL-2	コードレス掃除機	生活家電	45,000	9	445,500
8	WA-1	洗濯機	生活家電	98,000	2	215,600
9	WA-2	洗濯機ドラム式	生活家電	12,000	4	52,800
10	RE-1	冷蔵庫	生活家電	25,000	4	110,000
11	MI-1	電子レンジ	生活家電	35,000	7	269,500
12	RI-1	炊飯器	生活家電	45,000	6	297,000
13	PC-1	ノート型PC	PC・周辺機器	189,000	6	1,247,400
14	PC-2	デスクトップ型PC	PC・周辺機器	168,000	3	554,400
15	PC-3	SSD	PC・周辺機器	25,000	9	247,500
16	AU-1	ワイヤレスイヤホン	オーディオ機器	12,000	15	198,000
17	AU-2	電子ピアノ	オーディオ機器	78,000	3	257,400
18	AU-3	ラジオ	オーディオ機器	8,500	14	130,900
19				合計	96	4,518,800

2. 分類別集計

分類	販売数	売上金額
生活家電	46	1,883,200
PC・周辺機器	18	2,049,300
オーディオ機器	32	586,300

3. 曜日別集計

曜日	購入者数
月	5
火	5
水	5
木	4
金	5
土	15
日	16

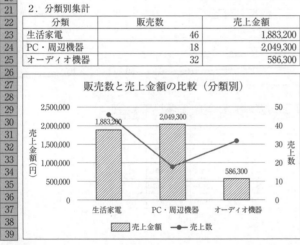

販売数と売上金額の比較（分類別）

○数式

B6：　=VLOOKUP(A6,商品コード表!$A$3:$D$15,2,FALSE)

別解　=VLOOKUP(A6,商品コード表!$A$3:$B$15,2,FALSE)

C6：　=VLOOKUP(A6,商品コード表!$A$3:$D$15,3,FALSE)

別解　=VLOOKUP(A6,商品コード表!$A$3:$C$15,3,FALSE)

D6：　=VLOOKUP(A6,商品コード表!$A$3:$D$15,4,FALSE)

E6：　=SUMIFS(売上集計表!$E$3:$E$57,売上集計表!$D$3:$D$57,A6)

F6：　=D6*1.1*E6

B23：　=SUMIFS($E$6:$E$18,$C$6:$C$18,A23)

C23：　=SUMIFS($F$6:$F$18,$C$6:$C$18,A23)

F23：　=COUNTIFS(売上集計表!$C$3:$C$57,E23)

> グラフの範囲
> A22～C25

中級練習問題 8[†]　解答　（100〜101ページ）

1日の売上集計結果と明日の売上予測

1．本日の売上集計

報告日：　　〇/〇/〇（日付）

商品コード	商品名	税込価格	販売数量	Web予約	店頭販売	売上数	売上金額	Web売上率	残り数
A001	たまごサンド	480	70	17	42	59	28,320	28.8%	11
A002	メロン塩パン	180	100	20	52	72	12,960	27.8%	28
A003	明太子クリーム	140	100	10	47	57	7,980	17.5%	43
A004	シュガードーナツ	90	100	40	40	80	7,200	50.0%	20
B001	食パン	950	100	53	13	66	62,700	80.3%	34
B002	チョコレート食パン	1,200	50	37	13	50	60,000	74.0%	完売
	合計			177	207	384	179,160		

2．明日の売上予測

商品コード	商品名	セール価格	売上数（見込）	売上金額（見込）	売上構成比	製造数
A001	たまごサンド	432	77	33,264	15.8%	80
A002	メロン塩パン	162	94	15,228	7.3%	100
A003	明太子クリーム	126	74	9,324	4.4%	80
A004	シュガードーナツ	81	104	8,424	4.0%	110
B001	食パン	855	86	73,530	35.0%	90
B002	チョコレート食パン	1,080	65	70,200	33.4%	70
	合計		500	209,970		

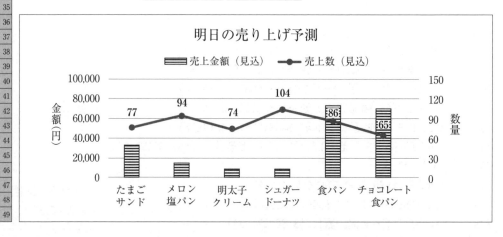

○数式

I4：	=TODAY()
B6：	=VLOOKUP(A6,コード表!$A$3:$E$8,2,FALSE)
別解	=VLOOKUP(A6,コード表!$A$3:$B$8,2,FALSE)
C6：	=VLOOKUP(A6,コード表!$A$3:$E$8,3,FALSE)
別解	=VLOOKUP(A6,コード表!$A$3:$C$8,3,FALSE)
D6：	=VLOOKUP(A6,コード表!$A$3:$E$8,5,FALSE)
E6：	=SUMIFS(１日の販売記録表!$B$3:$B$50,１日の販売記録表!$A$3:$A$50,A6)
F6：	=SUMIFS(１日の販売記録表!$C$3:$C$50,１日の販売記録表!$A$3:$A$50,A6)
G6：	=E6+F6
H6：	=C6*G6
I6：	=ROUND(E6/G6,3)
J6：	=IF(G6=D6,"完売",D6-G6)
E12：	=SUM(E6:E11)
B28：	=VLOOKUP(A28,コード表!$A$3:$E$8,2,FALSE)
別解	=VLOOKUP(A28,コード表!$A$3:$B$8,2,FALSE)
C28：	=VLOOKUP(A28,コード表!$A$3:$E$8,4,FALSE)
別解	=VLOOKUP(A28,コード表!$A$3:$D$8,4,FALSE)
D28：	=ROUND(G6*1.3,0)
E28：	=C28*D28
F28：	=ROUND(E28/$E$34,3)
G28：	=ROUNDUP(D28,-1)
D34：	=SUM(D28:D33)

```
グラフの範囲
上　B5〜B11とE5〜F11
下　B27〜B33とD27〜E33
```

確認問題1 解答例 （118ページ）

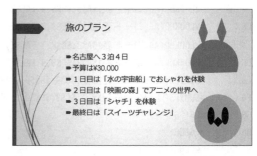

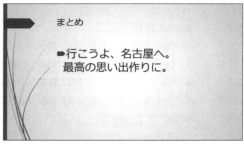

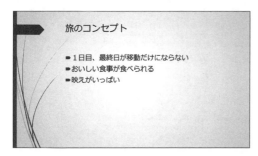

確認問題 2　解答例　（119ページ）

わたしの
取扱説明書

20xx年4月28日版

2年8組23番　河村 しのぶ

　故障かなと思ったら

Q 元気がなさそうに見えたら

あったかいココアを
飲みに行こうよと
誘ってあげてください

　仲良く過ごすために必要なこと

　1日に **8** 時間以上の

充電（睡眠）が必要です

　その他の仕様

◆ゲームも大好き！
　サイコロ振って世界中を旅しています
◆実はハードル選手でした
◆2週間に一度映画を見に行きます

　わたしのメンテナンス方法

音楽を聴くことが
大好きです。

みんなのおすすめの曲も教えてください。
たまにピアノを弾かせてあげてください。

わたしの
取扱説明書

20xx年4月28日版

よろしくお願いいたします。

2年8組23番　河村 しのぶ

　よくある質問

おうし座　　旅行が好き　　夢は科学者

51

確認欄

2章2節文書問題1	／	3章2節初級練習問題2	／
2章2節文書問題2	／	3章2節初級練習問題3	／
2章2節文書問題3	／	3章2節初級練習問題4	／
2章2節文書問題4	／	3章2節初級練習問題5	／
2章2節文書問題5	／	3章2節初級練習問題6	／
2章2節文書問題6	／	3章2節初級練習問題7	／
2章2節文書問題7	／	3章2節作成問題1	／
2章2節文書問題8	／	3章2節作成問題2	／
2章2節文書問題9	／	3章2節作成問題3	／
2章2節文書問題10	／	3章2節作成問題4	／
2章2節文書問題11	／	3章3節中級基本問題1	／
2章2節文書問題12	／	3章3節中級基本問題2	／
2章2節文書問題13	／	3章3節中級基本問題3	／
2章2節文書問題14	／	3章3節中級基本問題4	／
2章2節文書問題15	／	3章3節中級基本問題5	／
2章2節文書問題16	／	3章4節中級練習問題1	／
2章2節文書問題17	／	3章4節中級練習問題2	／
2章2節作成問題1	／	3章4節中級練習問題3	／
2章2節作成問題2	／	3章4節中級練習問題4	／
3章1節初級基本問題1	／	3章4節中級練習問題5	／
3章1節初級基本問題2	／	3章4節中級練習問題6	／
3章1節初級基本問題3	／	3章4節中級練習問題7	／
3章1節初級基本問題4	／	3章4節中級練習問題8	／
3章1節初級基本問題5	／	4章3節確認問題1	／
3章1節初級基本問題6	／	4章3節確認問題2	／
3章2節初級練習問題1	／		

学年	組	番号	名前